Christine Volm

Meine liebsten Wildpflanzen **rohköstlich**

sicher erkennen, vegan genießen

W0386955

Ulmer

Essbare Wildpfplanzen

Grundlegende Informationen über essbare Wildpflanzen sowie wertvolle Tipps zum Umgang mit ihnen erhalten Sie hier.

7

8 Was sind essbare Wildpflanzen?
10 Heimisch oder fremd?
12 Wo und wie sammeln?
18 Was schmeckt?
20 Gesund oder giftig?

Gesund bleiben mit Wildpflanzen

Hier lernen Sie die wertvollen Inhaltsstoffe der Wildpflanzen kennen und individuell zu nutzen.

23

24 Vorbeugen oder heilen
25 Inhaltsstoffe und ihre Wirkung
30 Kleine Mengenlehre: Wovon wie viel?
34 Essbare Wildpflanzen im Alltag nutzen

Wildpflanzenportraits

Dem Gaumen geschmeichelt: Aus Obst, Gemüse und heimischen Wildpflanzen, Nüssen, Pilzen, Sprossen und aromatischen Gewürzen zaubern Sie Rohköstlichkeiten, die allen schmecken.

37

38 Zu den Rezepten
40 Bärlauch
43 Beinwell
46 Birke, Hänge-Birke
48 Brennnesseln
51 Brombeere
54 Dost, Oregano, Wilder Majoran
57 Esskastanie, Edelkastanie
59 Felsenbirne
61 Fichte
63 Gänseblümchen
64 Gänse-Fingerkraut
66 Giersch
70 Gundermann, Gundelrebe
72 Hasel
74 Heidelbeere
76 Klee
78 Kleiner Wiesenknopf
81 Knoblauchsrauke
84 Knopfkräuter
86 Kornelkirsche
88 Linden
90 Löwenzahn
92 Malven
94 Rosen
97 Rot-Buche, Buche
100 Sauerampfer, Wiesen-Sauerampfer
102 Schaumkräuter
105 Süßdolde
108 Taubnesseln
111 Veilchen, Wohlriechendes

114 Vogel-Kirsche
116 Vogelmiere
118 Wald-Erdbeere
120 Wald-Sauerklee, Sauerklee
122 Wegeriche
125 Weißdorne
128 Weißer Gänsefuß
130 Wiesen-Labkraut
132 Wiesen-Salbei

Service

134

136 Die Wildpflanzen im Überblick
138 Zum Weiterlesen
139 Bezugsquellen
140 Schnell nachgeschlagen

Kostbarkeiten der Natur

Während ich an diesem Buch geschrieben habe, wurde mir intensiver denn je bewusst, welch großen Schatz wir an unseren Wildpflanzen haben. Ich durfte ihre Heilkräfte selbst erfahren und kenne viele Menschen, die ähnliche Erfahrungen wie ich gemacht haben.
Durch die Begleitung anderer auf ihrem Weg zur Ernährung mit Rohkost und Wildpflanzen habe ich miterlebt, wie Menschen körperlich und seelisch von dieser Umstellung profitieren können.
Die Tatsache, dass viele Menschen noch nie etwas vom Nutzen der Wildpflanzen gehört haben, ist mir immer wieder Ansporn, daran zu arbeiten, dass rohköstliche Gerichte mit Wildpflanzen, nicht nur den ohnehin überzeugten Rohköstlern, sondern einfach allen schmecken, die sie probieren.
Deshalb danke ich an dieser Stelle vor allem denjenigen, die meine Gerichte probiert und wohlmeinend kritisiert haben – meiner Familie, unseren Freunden und auch den Teilnehmern an den Potlucks, die mir darüber hinaus auch Inspiration waren. Dankbar bin ich auch für die Ärzte, die sich für den rohköstlichen Wildpflanzengenuss begeistern und mich auf meinem Weg bestärken.
Allen Teilnehmern an meinen Vorträgen, Seminaren und Workshops und all den Hilfesuchenden und Fragestellern per Brief, E-Mail, Facebook und Telefon danke ich, weil sie mich gelehrt haben, die Wildpflanzen nicht nur mit meinen, sondern auch mit ihren Augen zu sehen. Als Botanikerin kann ich Pflanzen zwar bestimmen und einordnen; wenn ich aber darüber nachdenke, wie ich Einsteigern Eigenschaften, Merkmale und den Geschmack der Wildpflanzen nahebringen kann, betrachte ich die Pflanzen immer wieder neu und lerne sie immer besser kennen.
Den giftigen unter den Wildpflanzen verdanke ich meine hoffentlich nie nachlassende Aufmerksamkeit und den Respekt vor allen Arten.
Ich erhoffe mir, dass dieses Buch die Ansprüche derjenigen erfüllt, die schon lange auf ein „Wildpflanzenbuch für Rohköstler mit Pflanzenbeschreibungen und Rezepten“ gewartet haben. Weil der Platz zwischen zwei Buchdeckeln nicht unbeschränkt ist, finden Sie hier eine Auswahl meiner liebsten Arten beschrieben und kulinarisch verwandelt, so wie ich sie gerne mag. Ich wünsche mir, dass die unerschöpfliche Vielfalt in Feld, Wald und Wiese deutlich wird und die Rezepte zeigen, dass mit dieser Ernährung Abwechslung auf dem Teller garantiert ist.
Viel Spaß beim Entdecken, Sammeln und Zubereiten der Wildpflanzen!

Dr. Christine Volm

Anmutige Glöckchen: die Blüten des Dreikantigen Lauchs.

Essbare Wildpflanzen

Erst einmal die Grundlagen, bevor es ans Sammeln geht: Was zu suchen und wo es zu finden ist, und was auf keinen Fall gesammelt werden soll.

8 Was sind essbare Wildpflanzen?
10 Heimisch oder fremd?
12 Wo und wie sammeln?
18 Was schmeckt?
20 Gesund oder giftig?

Was sind essbare Wildpflanzen?

Essbares aus der freien Natur

Ich will einmal versuchen, den Begriff „essbare Wildpflanzen" zu definieren: Als essbare Wildpflanzen werden diejenigen Pflanzen bezeichnet, die ohne unser Zutun in der freien Natur oder an jedem geeigneten Standort spontan wachsen und vom Menschen als Nahrungsmittel oder Gewürz verzehrt werden können, ohne negative Nebenwirkungen auszulösen.

Essbar, aber nur vor der Blüte: Scharbockskraut (Seite 20).

Wer gehört dazu?

Zu diesen Pflanzen gehören wild wachsende Pflanzen, die wir auch in der kultivierten Form kennen und zu Obst oder Gemüse zählen, wie beispielsweise die Wilde Möhre, die Pastinake oder die Vogel-Kirsche. Außerdem gehören Gewürzpflanzen dazu, wie der Dost oder der wilde Fenchel.
Auch zahlreiche Pflanzen, die zu den Arznei- oder Heilpflanzen gezählt werden, können als essbare Wildpflanzen verwendet werden, nämlich dann, wenn ihr Gehalt an wirksamen Inhaltsstoffen Körper und Geist zuträglich ist und Nebenwirkungen ausgeschlossen werden können. Die größte Gruppe sind jedoch genau diejenigen Pflanzen, die wegen ihrer scheinbaren Nutzlosigkeit paradoxerweise als „Unkraut" bezeichnet werden.

Warum Wildpflanzen essen?

Damit sind wir auch schon bei der Frage, warum der Verzehr von Wildpflanzen für uns wichtig ist. Reicht es nicht, die heilend wirkenden Pflanzen zu verwenden, wenn Krankheiten auftreten?

Wie für uns gemacht

Berücksichtigen wir, dass die Wildpflanzen sich im Laufe der Evolution gemeinsam mit dem Menschen entwickelt haben und unsere Urnahrung waren, dann müssen diese Pflanzen einfach perfekt geeignet sein, um uns gesund zu erhalten. Dann passt diese wilde Nahrung zu uns Menschen wie der Schlüssel ins Schloss. Dann brauchen wir einerseits nichts anderes als diese Pflanzen, um natürlich gesund zu bleiben, andererseits benötigen wir genau sie unbedingt, wenn wir gesund werden wollen. So dachte vermutlich auch schon der erste Arzt, der aus der Medizin eine Wissenschaft machte, Hippokrates von Kos (460 – 370 v. Chr.), dem folgender Satz zugeschrieben wird: *„Eure Nahrungsmittel sollen eure Heilmittel und eure Heilmittel sollen eure Nahrungsmittel sein!“*

Ursprüngliche Qualität

Es geht also darum, unseren Körper so zu versorgen, dass er gesund bleibt. Die essbaren Wildpflanzen haben das seit Hunderttausenden von Jahren geschafft und erst seit vergleichsweise kurzer Zeit, nämlich seit dem Beginn des Ackerbaus in der Jungsteinzeit, vor etwa 6 000 – 12 000 Jahren, versuchen wir die wilden Gräser, Gemüse- und Fruchtpflanzen zu kultivieren und durch Züchtung zu „verbessern“. Dabei, das sollten wir bedenken, sind die Wildpflanzen erst in den letzten Jahrhunderten in Vergessenheit geraten, hierzulande endgültig erst nach dem Zweiten Weltkrieg. Wenn wir heute das Kulturobst und -gemüse essen, das immer weiter selektiert und durch gärtnerische Züchtung geschmacklich verändert und haltbarer gemacht wurde, dann ist das eher ein Vergnügen kulinarischer und sozialer Art. Dies ist nicht zuletzt auch eher abhängig vom Einfluss der jeweiligen Kultur, als eine Frage der notwendigen Versorgung. Die uns umgebende Natur hält alles bereit, damit wir uns mit allen notwendigen Inhaltsstoffen versorgen können. Denn die Wildpflanzen enthalten nicht nur zusätzlich wichtige Inhaltsstoffe, sondern auch ein Vielfaches der Inhaltsstoffe, die mit der Züchtung in den Kulturpflanzen reduziert wurden oder verloren gegangen sind (Seite 25).

Überleben sichern

Viele Teilnehmer an meinen Exkursionen in Wald und Wiese sagen mir danach: „Jetzt weiß ich, dass ich auch ohne die Segnungen unserer Zivilisation überleben kann.“ Eine Erkenntnis, die auch mir sehr befreiend erschien, als ich angefangen habe, die essbaren Wildpflanzen intensiv zu nutzen. Heute würde ich sogar noch einen Schritt weitergehen, und sehe in der Nutzung der essbaren Wildpflanzen auch eine Chance für Menschen in Regionen, wo Ernteausfälle oder Kriege zu Hungersnöten führen. Der Verlust des Wissens über die Nutzung der dort heimischen Wildpflanzen hat dazu geführt, dass die Menschen sich selbst nicht einmal mehr minimal versorgen können. Die Rückkehr zu mehr Wissen über die Natur und die Nutzungsmöglichkeiten vorhandener Wildpflanzen könnte hilfreich sein, zum Beispiel in Gegenden, wo Menschen regelmäßig von Naturkatastrophen heimgesucht werden.

Zudem könnte im Rahmen einer modernen Entwicklungshilfe auch das Sammeln dort wieder gelehrt und sogar der „Anbau“ interessant sein: Heimische Wildpflanzen sind einfacher anzusiedeln und gedeihen besser, weil sie angepasst sind an die regionalen Verhältnisse. Daher sind sie modernen Kulturpflanzen wie Weizen und Mais weit überlegen.

Heimisch oder fremd?

Wenn wir von „essbaren Wildpflanzen“ sprechen, dann zählen wir oft nur die in Deutschland heimischen dazu, weil wir andere, wie beispielsweise den Rosmarin oder den Echten Salbei hier nur als Kultur- oder Heilpflanze kennen. Dabei gehören auch sie zu den essbaren Wildpflanzen, dort wo sie zu Hause sind.

Rohkost und Wildpflanzen aus aller Welt

Die allgemeine Globalisierung, die nicht neu ist, sondern schon mit der Entdeckung anderer Kulturen und Kontinente begann, brachte auch das Interesse an anderen Ernährungsweisen mit sich. Dies führte dazu, dass wir Nahrungsmittel aus anderen Kontinenten heute ganz selbstverständlich zu den unseren zählen – denken Sie nur an Kartoffeln und Tomaten.
Die weltumspannende Rohkostbewegung und das zunehmende Interesse am internationalen Austausch brachte es mit sich, dass Rohköstler mittlerweile zahlreiche Wildpflanzen aus aller Welt nutzen. Dazu zählt etwa das Mesquite-Pulver, das gewonnen wird durch Zermahlen der getrockneten Hülsenfrüchte des Süßhülsenbaumes, *Prosopis pallida*. Dieser Baum stammt aus Peru, breitete sich aber von dort aus nicht nur in Südamerika, sondern nahezu weltweit aus, so dass er mittlerweile sogar in Australien als unerwünschte, weil invasive Pflanze gilt. Auch das Lucuma-Mehl/-Pulver aus den Früchten des zwischen Ecuador und Chile beheimateten Baumes einer Sapoten-Art *(Ponteria lucuma)* gehört mittlerweile ins weltweite Rohkost-Sortiment.
Oft werden diese und ähnliche Produkte als Superfoods bezeichnet, sind aber doch „nur“ Wildpflanzen. Sie sind ebenso „super“ wie unsere heimischen.

Fremde Heilpflanzen als Nahrung

Auch Wildpflanzen, die in anderen Kulturen gegen Krankheiten und in der traditionellen Heilkunst verwendet werden, zum Beispiel im Ayurveda, finden wir heute im Sortiment der rohen Nahrungsmittel. Dazu gehört beispielsweise das ayurvedische Triphala-Pulver aus den Früchten verschiedener asiatischer Bäume, welches verwendet wird, um die Doshas (Lebensenergien) auszubalancieren. Beim He-Shou-Wu-Pulver, bekannt aus der traditionellen chinesischen Medizin, handelt es sich um nichts anderes als die gemahlene Wurzel des Knöterich-Gewächses *Polygonum multiflorum* – dem in China beheimateten Vielblütigen Knöterich.

Kraft in Pulverform

Meist sind bei uns solche Produkte nur in getrockneter Form erhältlich. Das heißt zwar, dass ein gewisser Verlust an Inhaltsstoffen vorausgesetzt werden muss, allerdings sind diese Pflanzen häufig so reich an Inhaltsstoffen, dass sie die Kulturpflanzen selbst in Pulverform noch weit übertreffen.
Teilweise werden diese Pflanzen auch angebaut, sie werden dafür aber bisher eher selten züchterisch bearbeitet, son-

dern bleiben als nicht veränderte Wildpflanzen mit allen positiven Eigenschaften erhalten. Häufig stammen die Produkte aus Wildsammlung. Achten Sie beim Kauf auf Bio-Zertifizierung und die Deklaration als Rohkost-Qualität, was die schonende Trocknung bei Temperaturen unter 40 °C und ebensolches Verarbeiten voraussetzt.

Eingewanderte Wildpflanzen

Auch zwischen den heimischen „Unkräutern" geht es mitunter ziemlich international zu. So stammt das Knopfkraut oder Franzosenkraut, wie es auch genannt wird, ursprünglich aus Mittel- und Südamerika, und ist erst im 19. Jahrhundert zu uns gekommen – ein typischer Neophyt. Vermutlich ist es aus botanischen Gärten in die Natur entfleucht.
In vielen Gegenden machen sich auch Nachtkerzen breit, die im 17. Jahrhundert als Zierpflanzen aus Nordamerika eingeführt wurden. Mit ihren wohlschmeckenden Blüten haben sie es bis in die Spitzengastronomie geschafft.
Die Wilde Malve kam noch früher aus Südeuropa zu uns – sie gilt als Archäophyt, als Pflanze, die schon vor 1492 hier zu finden war. Bei der Süßdolde ist man sich gar nicht sicher, ob sie heimisch oder eventuell auch aus südlicheren Ländern eingewandert ist. Sicher ist, sie gehört schon sehr lange zu den bei uns heimischen Pflanzen.
Und sollten Sie nach Amerika kommen und Wildpflanzen suchen, dann treffen Sie dort auf Bekannte: Unter anderem

Eingewandert aus Südamerika: das Franzosen- oder Knopfkraut.

ist der bei uns heimische Breit-Wegerich mit den ersten Siedlern dorthin ausgewandert. Er wurde von den Indianern aufgrund der Ausbreitung mit der Besiedlung des Landes als „Spur des Weißen Mannes" bezeichnet.
Nutzen Sie die bei uns eingewanderten Pflanzen ebenso wie die heimischen Arten. Sie bereichern unseren Speiseplan um weitere wertvolle Inhaltsstoffe und außergewöhnliche Aromen.

Wo und wie sammeln?

Gute Sammelplätze

Wie sieht ein guter Sammelplatz aus? Hier meine Kriterien: Ein guter Sammelplatz

- bietet frische, appetitlich erscheinende Wildpflanzen.
- ist nicht direkt von Autoabgasen belastet, liegt demnach weit genug von der Straße entfernt oder etwas geschützt hinter dichtem Gebüsch, Hecken oder Mauern.
- ist ein Ort ohne oder mit sehr wenig Hundeverkehr. Suchen Sie lieber Alternativen zu den üblichen Ausführstrecken und -plätzen, einen hundefreien Park oder einen Platz, der weit genug vom Weg entfernt ist. Alte aufgelassene Friedhöfe sind häufig ein Geheimtipp in Städten.
- ist frei von schädlichen Chemikalien und anderen Schadstoffen. Konventionell bewirtschaftete Ackerflächen und gedüngte Weiden sind grundsätzlich keine guten Plätze für das Sammeln von Wildpflanzen. Düngemittel, Pflanzenschutzmittel und Abfälle aus der Tierhaltung sind gesundheitsschädlich – daher ist hier Vorsicht geboten. Auch an Bahndämmen sollten Sie aufs Sammeln verzichten, weil auf den Gleisanlagen Pestizide ausgebracht werden dürfen, die auch in die nähere Umgebung abdriften können. Wenn Sie an Gewässern oder an deren Rand sammeln, achten Sie darauf, dass diese sauber und nicht durch Einträge von nahem Weidetier braun gefärbt oder durch Unrat verschmutzt sind.

Inhaltsstoffe vor Schadstoffen

Ich mache Kompromisse: Bevor ich auf die wichtigen Wildpflanzen verzichte, ernte ich sie zur Not auch mitten in der Stadt, zum Beispiel von Bäumen oder Sträuchern. Vor Umweltgiften in Luft, Wasser und Boden können wir uns alle leider nirgendwo schützen. Die Inhaltsstoffe der Wildpflanzen sind jedoch zu wertvoll, um ohne sie auszukommen. Auch Bioobst und -gemüse auf dem Feld und in der Freiluftauslage von Geschäften ist Schadstoffen ausgesetzt und wer weiß schon immer genau, wie und wo es angebaut wurde.

Das sollten Sie beim Sammeln beachten

- Naturschutz: Hinweise an den Tafeln der Naturschutzgebiete geben Auskunft, was erlaubt ist. In der Regel ist die Entnahme von Pflanzen oder Pflanzenteilen nicht erlaubt. Achtung: Auch außerhalb dieser Gebiete gilt: Geschützte Pflanzen nicht sammeln!
- Betreten Sie fremdes Eigentum nicht ungefragt – das gilt auch für Wiesen in der Vegetationszeit.
- Ernten Sie nur so viel, wie Sie selbst verwenden können.
- Ernten Sie nie alles ab, sondern immer nur einen Teil des Pflanzenbestands.
- Ernten Sie Blüten und Früchte nur in Maßen, sodass die Vermehrung der Pflanzen gesichert bleibt.
- Verzichten Sie auf das Ernten von nur vereinzelt vorkommenden Pflanzen.

Sauber!

- Sortieren Sie stark beschädigte und befallene Pflanzen direkt am Fundort aus.
- Kontrollieren Sie Ihr Erntegut – Giftpflanzen sofort aussortieren, Hände waschen.
- Transportieren Sie schmutzige und saubere Pflanzen in unterschiedlichen Gefäßen.
- Pflanzenteile, wie Blüten, Samen oder Wurzeln, die nicht zusammen verwendet werden sollen, sammeln Sie ebenfalls am besten getrennt.

Ein sicheres Plätzchen zum Sammeln.

Was braucht's an Ausrüstung?

Nichts, wenn Sie die Pflanzen kennen und sie von der Hand in den Mund verzehren wollen. Punkt.

Für größere Ernten

Wollen Sie aber für zu Hause sammeln, dann sollten Sie ein Transportbehältnis wählen, das die Pflanzen frisch hält. Ideal sind Schraubgläser oder ein Drahtbügelglas, Sie können aber auch Kunststoffgefäße oder -beutel mit Zip-Verschluss verwenden. Wenn es heiß ist und die Pflanzen darin anfangen könnten zu schwitzen, dann packen Sie einen Kühlakku mit in den Rucksack oder zwischen die Gefäße.

Waschen oder nicht waschen?

Wenn Sie die Wahl haben, weil der Standort, an dem Sie eine Wildpflanze gesammelt haben, günstig erschien, dann verzichten Sie auf das Waschen. Auf den Pflanzen befinden sich Mikroorganismen, die wir dringend brauchen, weil sie für die körpereigene B_{12}-Synthese im Darm verantwortlich sind. Nur so können Sie Mangelerscheinungen vorbeugen. Vorraussetzung dafür: Eine gesunde Darmflora.

Minimales Werkzeug

Zum Sammeln selbst sind meine Hände völlig ausreichend, ich brauche kein Werkzeug. Eine Ausnahme mache ich nur, wenn ich größere Mengen an Brennnesseln ernten will. Dazu habe ich in der Vegetationszeit fast in jeder Hosentasche zwei sehr dünne Kunststoffhandschuhe, die passen überall rein. Sie sind übereinander an einer Hand angezogen ideal, um Brennnesseln zu ernten, weil die dünnen Kunststofflagen sich gegeneinander verschieben und die Brennhaare die Haut nicht erreichen können.

Zum Dazulernen

Wenn Sie in die Natur gehen, um sich Pflanzen einzuprägen oder neue kennenzulernen, dann sind allgemeine Pflanzenführer oder spezielle Bestimmungsliteratur oft hilfreich, ebenso wie Lupe, Notizbüchlein und Fotokamera.

Gefahren in der Wildnis?

Anfänger stellen meist noch die Frage nach den Risiken beim Sammeln von Wildpflanzen. Die Natur ist vielen einfach erst einmal zu unbekannt und zu wild. Nach kurzer Zeit aber ist es genau das, was am meisten geschätzt wird: Die Unberührtheit, die Natürlichkeit und das Ursprüngliche, wozu nun einmal auch Tiere gehören. Obwohl wir uns heutzutage nicht mehr vor Bär oder gar Säbelzahntiger fürchten müssen, wollen wir dennoch sicherstellen, dass wirklich nichts passieren kann.

Fuchsbandwurm: Entwarnung

Aus diesem Sicherheitsbedürfnis heraus ist wohl die Panik rund um das Thema Fuchsbandwurm entstanden. Aber seien Sie beruhigt, es wurde diesbezüglich von allen relevanten Institutionen Entwarnung gegeben.

Achtung, Zecken

Allerdings lauert da draußen eine Gefahr, vor der Sie sich besser schützen sollten. Zecken sind es, welche beim Blutsaugen vor allem die gefürchteten Krankheiten Lyme-Borreliose und Frühsommer-Meningoenzephalitis (FSME) übertragen. Was vorbeugend hilft, ist Kokosöl. Und zwar genau dieses, welches Sie auch in der Küche verwenden – in Rohkostqualität versteht sich. Sie cremen sich einfach damit ein und die enthaltene Laurinsäure schreckt die Blutsauger ab. Sollten Sie vergessen haben, sich einzucremen oder doppelt sichergehen wollen, dann suchen Sie nach dem Wald- oder Wiesenspaziergang die Haut nach Zecken ab und entfernen Sie diese so schnell wie möglich. Kokosöl hilft übrigens auch gegen die regional verbreiteten und besonders lästigen Kriebelmücken. Außerdem ist es hervorragend zur Hautpflege geeignet.

Achtsam mit sich und der Natur

Achtsamkeit ist vielleicht ein Wort, das wir eher im Yogakurs oder bei Wohlfühlseminaren vermuten. Beim Wildpflanzensammeln denkt man doch eher an etwas Handfestes.
Ich habe in den letzten Jahren genau beobachtet, wie wir mit den Pflanzen umgehen, und festgestellt, dass das manchmal alles andere als appetitlich ist. Mir ist oft aufgefallen, dass diejenigen, die unachtsam pflücken, oft schnell und viel größere Mengen an Wildpflanzen zu sich nehmen und dennoch weniger Gewinn und Sättigung daraus ziehen, als diejenigen, die Blatt für Blatt wertschätzen.

Bewusst sammeln und verarbeiten

Machen Sie sich bewusst, dass das, was Sie sammeln, Ihre Nahrung ist und Ihnen gut tun soll.
Es macht einen Unterschied, ob ich grob und ohne genau hinzusehen mit der ganzen Hand Büschel vom Labkraut oder Löwenzahn abreiße oder ob ich sorgsam Blatt für Blatt, Stiel für Stiel sammle.

Wie ich pflücke, wie ich die Pflanze behandle, so behandle ich letztendlich auch mich. Sie brauchen ja nicht ausgiebig bei jedem Blatt zu meditieren. Aber ich bin schon der Meinung, dass es ausschlaggebend ist, in welcher Weise unsere Nahrung gewonnen, zubereitet und verspeist wird.
Häufig wird auch am Ergebnis auf dem Teller deutlich, wie sehr die Ausgangsprodukte wertgeschätzt wurden. Das können Sie zu Hause genauso beobachten wie in der gehobenen Gastronomie, wo sehr sorgfältig mit Lebensmitteln umgegangen wird. Wenn ich hier für mehr Achtsamkeit beim Sammeln plädiere, dann deshalb, weil die bewusste Verbindung mit der Natur und ihren Lebewesen letztendlich uns zugute kommt. Nehmen Sie möglichst viel des guten Geistes aus der Natur mit, wenn Sie Wildpflanzen sammeln.

Bestimmen und/oder Wiedererkennen?

Was Freizeitbotaniker von Profis unterscheidet, ist die Art, sich Pflanzen zu nähern und vertraut zu machen. Während Profis – um eine Pflanze zu bestimmen – sich hauptsächlich mit den Blüten und deren Beschreibungen in botanischen Bestimmungsbüchern beschäftigen und im Notfall mittlerweile auch DNA-Analysen auswerten, muss sich der Laie anders behelfen. Vor allem dann, wenn die zur Bestimmung benötigten Blüten noch nicht vorhanden oder schon wieder verschwunden sind. Da hilft es, Literatur zu verwenden, worin eine Pflanze mit den wichtigsten Merkmalen charakterisiert und möglichst auch abgebildet ist. So können Sie die Pflanze nach einem sorgfältigen Vergleich richtig zuordnen. Dazu sollen auch die Pflanzenbeschreibungen in diesem Buch dienen.

Solche und solche

Nun sollten Sie aber unterscheiden: Es gibt Pflanzen, die sind weit verbreitet, gut zu erkennen und, wenn Sie die jeweiligen Merkmale beachten, nicht zu verwechseln. Dazu würde ich zum Beispiel den Giersch mit dem dreikantigen Blattstiel und den doppelt dreizähligen Blättern rechnen, obwohl er zu einer Familie gehört, deren Pflanzen sonst sehr schwierig zu bestimmen sind: den Doldenblütlern. Bei diesen treffen wir Arten, die als Gemüse-, Gewürz- oder essbare Wildpflanze genutzt werden können, beispielsweise den Fenchel oder die Wilde Möhre, aber auch zahlreiche Giftpflanzen, die prominenteste darunter ist sicher der Schierling.

Vorsicht: Nicht daneben greifen – giftiger junger Aronstab im Bärlauchbestand.

Botaniker brauchen zum exakten Bestimmen eines unbekannten Doldenblütlers oft Blüte und Frucht, das heißt, die Pflanze kann nicht das ganze Jahr über bestimmt werden, zudem ist der Bestimmungsgang in den Büchern ausgesprochen mühsam, weil viele spezielle Details untersucht werden müssen.

Üben, üben, üben

Weil das botanische Bestimmen also nicht immer möglich ist und weil der Laie die vielen Merkmale, die in solch einem botanischen Bestimmungsgang abgefragt werden, gar nicht kennt, versuchen wir, auf Exkursionen das Wiedererkennen zu üben. Und manchmal ist das so einfach wie beim Giersch. Dann ist solch eine Pflanze bestens geeignet, um damit den Grundstein zu legen für ein eigenes Repertoire an Wildpflanzen, die sicher wiederzuerkennen sind.

Um Licht ins botanische Dunkel zu bringen, hilft Üben und das wiederholte Beobachten der Pflanzen im Jahreslauf. Prägen Sie sich auch die Standorte und die begleitenden Pflanzen oder Bodenstrukturen sowie den Charakter des Umfelds ein. Wer beispielsweise weiß, dass das Bittere Schaumkraut nie im Wasser, sondern im Boden am Gewässerrand wurzelt, kann es nicht mit der Brunnenkresse verwechseln. Und wer sich die Standorte des Wiesen-Schaumkrauts während der Blütezeit merkt, der findet die Blätter, die im Winter dem Boden eng als Rosette aufliegen, dann auch wieder.

Das Wiesen-Schaumkraut allerdings macht es wie einige andere Pflanzen, es ändert während des Jahres mehrmals sein Aussehen: Haben die Blätter am Blütenstiel länglich schmale Fiederblättchen und sind grasgrün, sind die bodennahen Fiederblättchen rundlicher und nehmen mit der Kälte eine braunrote Färbung an. Die Knoblauchsrauke zeigt ähnliche Metamorphosen und vom Wiesen-Pippau kennen wir das ebenfalls.

Löwenzahn – variantenreich, aber gut wiederzuerkennen.

Giftige und harmlose Verwechslungen

Nützlich ist es, die Verwechslungsmöglichkeiten im Blick zu behalten – wenn es keine gibt, gut. Wenn es viele gibt, wie beispielsweise beim Bärlauch, ist es

umso wichtiger, auch die Merkmale der Giftpflanzen zu kennen. Diese sollten Sie sich einprägen, was am besten klappt, wenn Sie sich diese einmal oder öfter zeigen lassen.
Schwierig wird es für den Laien, zum Beispiel die vielen einander ähnlichen gelben Korbblütler auf unseren Wiesen auseinanderzuhalten. Es kann schon passieren, dass die Blätter vom Ferkelkraut, *Hypochaeris radicata,* für Löwenzahnblätter oder die Blüten vom Wiesen-Pippau für Ferkelkrautblüten gehalten werden. Gott sei Dank ist dabei kaum die Gefahr von Vergiftungen gegeben, weil unter den auf Wiesen verbreiteten heimischen Arten mit löwenzahnähnlichen Blüten und Blättern in der Regel keine hochgiftigen Pflanzen zu finden sind, und Wiesen-Pippau und Ferkelkraut sogar manchem besser schmecken als der Löwenzahn selbst. Dennoch sollten Sie wissen, was Sie zu sich nehmen und nur diejenigen Pflanzen verzehren, die Sie wirklich kennen.

Machen Sie sich die Pflanzen vertraut!

Versuchen Sie auch immer wieder den Blick auf die ganze Pflanze zu richten oder sich sogar ganze Abschnitte mit verschiedenen Pflanzen an verschiedenen Standorten einzuprägen. Merken Sie sich den Duft, die Ausstrahlung und wie sich eine Pflanze anfühlt. Speichern Sie diese Eindrücke als zusätzliche Information.
Heute mehr denn je sind mir solche Informationen sehr wichtig, sehe ich die ganze Pflanze so doch oft anders, als wenn ich nur die Summe ihrer Teile betrachte. Zu mancher Erkenntnis über eine Pflanze kam ich erst, als ich das Botanikbuch zugeklappt und die Pflanze unvorbelastet einfach nur wahrgenommen hatte.

Was schmeckt?

Bei den Wildpflanzen gibt es eine große Vielfalt an unterschiedlichen Geschmacksrichtungen. Immer wieder erstaunt es mich, wenn ich beobachte, wie sich der Geschmack bei den Exkursionsteilnehmern mit der Zeit entwickelt.

Gewöhnungssache

Während die Fortgeschrittenen angesichts der Bitterstoffe im Löwenzahn zustimmend nicken und mehr verlangen, schüttelt es manchen Anfänger doch erst einmal. Das ändert sich aber schnell – unser Geschmack entwickelt sich ganz von selbst mit der Nahrung, die wir zu uns nehmen. Am schönsten zu beobachten ist das unter fortgeschrittenen Wildpflanzenliebhabern, die sich richtig freuen, wenn sie wieder eine geschmackliche Herausforderung entdeckt haben.
Ich bin einmal gefragt worden, warum wir uns denn nicht von alleine auf die Wildpflanzen stürzen, sondern in der Regel erst einmal süßes Obst oder mildes Gemüse bevorzugen. Dazu kann ich nur sagen: Ich habe das anders erlebt. Ich wollte schon als Kind gerne die blauen Blüten vom Persischen Ehrenpreis auf mein Essen streuen und fand die Vogelmiere äußerst appetitlich und anziehend. Es mag sich unglaublich anhören, aber ich habe sogar die Kühe beneidet, die im Mai auf blühenden Löwenzahnwiesen grasen durften. Heute kann ich kaum an einem Löwenzahn vorbeigehen, ohne ein Blatt zu essen. Ich denke, dass wir dieses natürliche Verlangen nach Wildpflanzen als Kinder vermutlich alle hatten, es mit der Erziehung aber verloren ging. Eltern sind oft besorgt, wenn ihr Kind alles, was Grün ist im Garten, probiert. Diejenigen, die sich auskennen, sind da ganz gelassen und finden dies nur natürlich.
Es ist nur eine Frage der Übung und der Nähe zur Natur, bis auch Sie wieder das natürliche Verlangen nach den Wildpflanzen spüren. Hilfreich ist dabei unter anderem auch das Wahrnehmen und Unterscheiden der Aromen.

Langsam nähern

Probieren Sie sich am Anfang durch die Palette der Wildpflanzen, die Sie bereits kennen oder jetzt neu kennenlernen. Wählen Sie aus, was Ihnen schmeckt und verwenden sie zunächst diese Pflanzen. Dann erst widmen Sie sich denjenigen, welche zunächst weniger schmackhaft schienen. Sie werden sehen, in kurzer Zeit können Sie sagen, was Ihnen schmeckt und was nicht.

Zwingen Sie sich zu nichts

Es hat keinen Zweck, sich einen Geschmack anzutun, dem Sie sich redlich, aber vergeblich versucht haben zu nähern. Die Aufgabe unseres Geschmacks ist es ja unter anderem, das auszusortieren, was uns nicht guttut.
So finde ich persönlich Pflanzen, die viel Oxalsäure enthalten, nicht so schmackhaft, dass ich sie in größeren Mengen verzehren wollen würde, während andere gerade die Säure von Sauerampfer

und Wald-Sauerklee sehr gerne mögen. Alles, was bitter ist dagegen, ist meins. Nicht umsonst heißt es: „Die Geschmäcker sind verschieden.“ Vertrauen Sie diesbezüglich ganz auf Ihren Körper und geben Sie Ihrem Geschmacksempfinden die Chance zu lernen und Ihnen auch rückzumelden, was Ihr Körper braucht oder nicht braucht. Bis sich das eingespielt hat, probieren Sie sich einfach durch Wald und Wiese und genießen Sie Ihre Erfahrungen.

Experimentieren erlaubt

Wenn Sie sich mit den Geschmacksrichtungen und Nuancen der Wildpflanzen vertraut gemacht haben, dann können Sie anfangen zu kombinieren. Was wird wozu passen? Lassen Sie Ihrer Fantasie dabei freien Lauf! Wenn Sie dabei sichergehen möchten, dass Ihr selbst kreiertes Gericht auch schmeckt, können Sie vorab kleine Mengen der Zutaten zusammen verkosten, bevor sie zum Beispiel einen Salat daraus zubereiten.

Vielschichtiger Geschmack dank vieler verschiedener Inhaltsstoffe: der Gundermann.

Gesund oder giftig?

Die Unterscheidung in essbare, nicht essbare und giftige Pflanzen ist nicht ganz einfach. Wenn Sie schon in verschiedenen Pflanzenführern geblättert haben, dann ist Ihnen vielleicht aufgefallen, dass es darin unterschiedliche Einteilungen gibt.

Die Dosis macht das Gift

Ob eine Pflanze giftig ist oder nicht, hängt entscheidend vom Gehalt an schädlichen Inhaltsstoffen, den Toxinen, ab. Und der ist nicht immer gleich. Das Scharbockskraut, *Ranunculus ficaria*, kann vor der Blüte gegessen noch als gesundheitsförderlich bezeichnet werden, unter anderem wegen seines hohen Gehalts an Vitamin C. Ab der Blütezeit aber enthält es zu viel schädliches Protoanemonin, um es noch zu empfehlen. Daher wird es manchmal als essbar, manchmal als giftig eingestuft. Nicht alle Teile einer Pflanze müssen giftig sein, so sind zum Beispiel die roten Samenmäntel der Eibenfrucht essbar – allerdings nur die. Der ganze Rest der Eibe ist giftig – auch der Samen, der daher ausgespuckt werden sollte.

Achtung Giftpflanzen!

Zahlreiche Giftpflanzen sind nicht so gefährlich, wie oft dargestellt. Ein bisschen Bauchgrummeln oder leichte Krämpfe und das war's. Aber das gilt beileibe nicht für alle. Es gibt auch Pflanzen, deren Gift so wirkungsvoll ist, dass dauerhafte körperliche oder geis-

Respekt statt Angst

Lassen Sie sich nicht einschüchtern; es gibt nur wenige wirklich gefährliche Giftpflanzen. Aber gehen Sie mit Respekt ans Pflanzensammeln und halten Sie alle Sinne wach – dann geht nichts schief.

Warnsignale

Achten Sie auf ungewöhnliche Reaktionen Ihres Körpers. Anzeichen für die Unverträglichkeit und Giftigkeit von Pflanzen können sein: Brennen im Mund, schlechter Geschmack oder Widerwillen.

Diese giftigen Pflanzen sollten Sie kennenlernen und meiden

Giftpflanze	botanischer Name
Aronstab, Gefleckter	*Arum maculatum*
Bilsenkraut	*Hyoscyamus niger*
Eibe	*Taxus baccata*
Eisenhut, Blauer	*Aconitum napellus*
Eisenhut, Gelber	*Aconitum lycoctonum*
Fingerhut, Roter	*Digitalis pururea*
Herbst-Zeitlose	*Colchicum autumnale*
Hundspetersilie	*Aethusa cynapium*
Maiglöckchen	*Convallaria majalis*
Riesen-Bärenklau	*Heracleum mantegazzianum*
Sadebaum	*Juniperus sabina*
Schierling, Gefleckter	*Conium maculatum*
Seidelbast	*Daphne mezereum*
Tollkirsche	*Atropa belladonna*
Wasserschierling, Giftiger	*Cicuta virosa*
Zaunrübe	*Bryonia dioica*

tige Schädigungen auftreten können. Und auch Todesfälle sind nicht auszuschließen. Bei den Blättern der Herbst-Zeitlose nutzt ab einer bestimmten Verzehrmenge auch medizinische Hilfe nicht mehr; meist wird für einen Erwachsenen eine tödliche Menge von zirka 10 Blättern angegeben.

Machen Sie sich schlau!

Informieren Sie sich also ausreichend über Giftpflanzen. Einsteigern sei eine geführte botanische Exkursion ans Herz gelegt. Um an Sicherheit zu gewinnen, lassen Sie sich die Unterschiede zwischen essbaren Pflanzen und Giftpflanzen in natura zeigen, etwa zwischen Bärlauch und den zu verwechselnden Arten: Maiglöckchen, Aronstab und Herbst-Zeitlose.
In den Pflanzenporträts werden auch Verwechslungsmöglichkeiten vorgestellt. Für das detaillierte Kennenlernen von Giftpflanzen gibt es außerdem jede Menge Spezialliteratur.

Im Notfall

Zögern Sie im Notfall nicht, entsprechende Maßnahmen zu ergreifen:

- Wenden Sie sich umgehend an die zuständige Giftnotruf-Zentrale – unter **www.giftnotruf.de** finden Sie auch eine Liste der Zentralen.
- Versuchen Sie nicht, Erbrechen auszulösen, Sie schaden dem Betroffenen meist nur.
- Verwenden Sie Kohlekompretten oder Heilerde, um Giftstoffe zu binden.
- Sorgen Sie für eine hohe Flüssigkeitszufuhr.
- Vermeiden Sie Getränke, die Fett, Alkohol oder hohe Mengen Kochsalz enthalten.

Bei der Eibe ist alles giftig – bis auf den roten Samenmantel, der schmeckt klebrig süß. Samenkern ausspucken!

Die Blätter der Herbst-Zeitlose sind gleichzeitig mit dem Bärlauch zu finden. Wo Wiese und Wald aufeinandertreffen, ist besondere Vorsicht geboten.

Gesund bleiben mit Wildpflanzen

Unsere zum Teil recht unscheinbaren Wildpflanzen haben es in sich: viele wertvolle Inhaltsstoffe, die Sie gezielt für Ihre Gesundheit einsetzen können.

24 Vorbeugen oder heilen
25 Inhaltsstoffe und ihre Wirkung
30 Kleine Mengenlehre: Wovon wie viel?
34 Essbare Wildpflanzen im Alltag nutzen

Vorbeugen oder heilen

Wir haben heute eine Medizin, die hoch technisiert und hocheffizient arbeitet. Dafür bin ich auch sehr dankbar, denn sollte ich sie benötigen, zum Beispiel im Falle eines Unfalls oder einer nicht anders zu heilenden Krankheit, dann bietet sie Möglichkeiten, die fast an Wunder grenzen. Aber – und daran krankt das System mittlerweile – wenn es sich um ernährungs- und verhaltensbedingte Krankheiten handelt, die gerne auch als Zivilisationskrankheiten bezeichnet werden, kann die Medizin oft nicht helfen, auch wenn es Medikamente in Hülle und Fülle gibt.
Diese Problematik sehen mittlerweile auch viele Mediziner. Aus meiner Sicht müssen wir uns, wenn wir gesund bleiben wollen – heute wie vor fast zweieinhalbtausend Jahren – an Hippokrates (Seite 9) orientieren. Die Idee, die dahinter steckt, ist nicht die des Heilens, sondern die der Gesunderhaltung.

Lieber gesund bleiben

Mittlerweile spielt die Salutogenese – die Wissenschaft, die sich mit der Entstehung von Gesundheit beschäftigt – auch in der Medizin eine wichtige Rolle. Wir alle kennen den Unterschied zwischen dem Bekämpfen von Krankheit und dem Erhalten von Gesundheit. Gesundheit erhalten ist meist einfacher und vergnüglicher: Spazieren gehen macht doch viel mehr Spaß, als das Bett zu hüten.
Wenn wir die wirksamen essbaren Wildpflanzen auch als Mittel zur Entstehung von Gesundheit betrachten und sie vorbeugend verwenden wollen, dann gibt es einen ganz einfachen Weg: Räumen wir ihnen einen Platz in unserer Ernährung ein. Die kreative kulinarische Verwendung, wie wir sie im Rahmen der Ernährung mit Rohkost und Wildpflanzen betreiben, ist doch eine echte Alternative zu bitteren Kräutertinkturen und Heilpflanzentees.

Kreativ und lecker, statt nur gesund: ein Saft aus Giersch, Birne, Topinambur und Limette.

Inhaltsstoffe und ihre Wirkung

Wir sprechen viel über Inhaltsstoffe und begründen den Verzehr von Wildpflanzen damit, dass unser Körper sie braucht. Aber worum geht es dabei im Einzelnen?
Grob unterscheiden wir in energieliefernde Hauptnährstoffe, wie Fette, Proteine, Kohlenhydrate, und ergänzende, aber ebenfalls lebenswichtige Stoffe, wie Vitamine und Mineralstoffe. Nun gibt es noch eine weitere Gruppe, die erst in den letzten Jahrzehnten richtig erforscht wurde, die Sekundären Pflanzeninhaltsstoffe.
Was die Wildpflanzen so wertvoll macht und sie von unseren Kulturpflanzen unterscheidet, ist ihr vergleichsweise viel höherer Anteil an Vitaminen und Mineralstoffen und vor allem an Sekundären Pflanzeninhaltsstoffen. Diese Sekundären Pflanzenstoffe, wie sie heute oft kurz genannt werden (englisch: phytochemicals), nutzt die Pflanze beispielsweise zum Anlocken von Bestäubern, Abwehren von Schädlingen und Krankheitserregern oder als Schutz vor zu viel UV-Strahlung.
Uns nutzen diese Stoffe in vielfältiger Weise: Sie wirken einerseits wie Katalysatoren, die nicht nur die Stoffaufnahme und den Transport, sondern auch die Verarbeitung von Nährstoffen, Vitaminen und Mineralstoffen positiv beeinflussen.
Daneben können sie selbst verschiedenste positive Auswirkungen auf die Prozesse in unserem Körper haben. Wenn sie zum Beispiel antibakteriell wirken, schützen sie uns vor entsprechenden Infektionen.

Wie viel Züchtung darf sein?

In der Regel sind bei Zuchtformen von Wildkräutern noch jede Menge Inhaltsstoffe enthalten, weil die Züchtungen durch wenige Kreuzungen, die teilweise auch in der Natur auftreten können, entstanden sind. Bei Rosen ist es so: Die modernen, nicht duftenden Rosen haben sicher auch schon viele Inhaltsstoffe verloren, duftende Rosen mit altem Charakter dagegen vermutlich weniger. Aber keine Sorge, so viel Verlust wie in der Züchtung von Kulturobst oder -gemüse ist bei gärtnerischen Sorten von Wildpflanzen nicht zu erwarten.

Heimische Alternative zu Soja – Rot-Klee ist reich an Phytoöstrogenen.

Noch sind nicht alle Sekundären Pflanzenstoffe bekannt, es werden mehrere Hunderttausende vermutet, die Forschung allerdings beschäftigt sich hauptsächlich mit Heilpflanzen und den gängigen Nahrungspflanzen. Nach jahrtausendelanger Selektion sind unsere Kulturpflanzen aber verarmt an Inhaltsstoffen. Durch den gleichzeitigen Rückgang der Nutzung von Wildpflanzen bedeutet das, dass wir heute viel weniger dieser wertvollen Stoffe mit unserer Nahrung aufnehmen als früher.

Wichtige Stoffgruppen

Sie brauchen sich nicht die Mühe machen, über alle Stoffgruppen oder gar einzelne Inhaltsstoffe genau Bescheid zu wissen, oder sich den Gehalt von Inhaltsstoffen in den Wildpflanzen zu merken. Um aber deutlich zu machen, wie wertvoll diese Pflanzen für uns sind, will ich hier die üblicherweise klassifizierten Hauptgruppen der Sekundären Pflanzenstoffe mit ihren Wirkungen kurz vorstellen. Die einzelnen Stoffe in den unterschiedlichen Gruppen können darüber hinaus noch verschiedene andere Wirkungen aufweisen.
Ein Sekundärer Pflanzeninhaltsstoff muss nicht per se eine positive Wirkung auf den Körper haben – er kann bei entsprechender Dosierung auch toxisch wirken, wie das zum Beispiel die Alkaloide tun, zu denen Morphin, Nikotin und das Herbstzeitlosengift Colchicin zählen. Wo es mir notwendig erschien, bin ich auf diese Stoffe bei den Pflanzenbeschreibungen eingegangen.

Wirkungen

1	antikanzerogen – krebshemmend
2	antimikrobiell (antibiotisch) – hemmt Mikroorganismen
3	antioxidativ – hält die Zellalterung auf
4	antithrombotisch – verhindert Thrombosebildung, wirkt gerinnungshemmend
5	immunmodulierend – wirkt ausgleichend auf das Immunsystem
6	antiinflammatorisch, antiphlogistisch – entzündungshemmend
7	blutdruckregulierend
8	cholesterinspiegelsenkend
9	blutzuckerbeeinflussend
10	positive Wirkung auf Knochenstoffwechsel
11	mindern das Risiko altersbedingter Augenerkrankungen
12	positive Wirkung auf die Leistungen des Gehirns (kognitive Fähigkeiten)
13	antimykotisch – pilzhemmend
14	einzelne Gruppen mindern das Risiko von Herz-Kreislauf-Erkrankungen

Effekte Sekundärer Pflanzenstoffe, wie sie zum Beispiel bei Watzl (2011) und von der Deutschen Gesellschaft für Ernährung (2010) beschrieben wurden.

Carotinoide

- hierzu gehören nicht nur die gelblich orangefarbenen Carotine, sondern auch das aus Tomaten bekannte Lycopin und die vor allem in grünen Pflanzen vorkommenden Xantophylle
- Wirkungen: 1, 3, 5, 6, 8, 11 und 14
- in Rot-Klee, Karotten

Flavonoide

- bilden zusammen mit den Phenolsäuren die Polyphenole
- große Gruppe, zu denen auch die gelben Flavone und die rotblauen bis schwarzen Anthocyane zählen, die unter anderem Blüten und Früchten Farbe verleihen
- Wirkungen: 1, 2, 3, 4, 5, 6, 7, 9, 12 und 14
- in Brombeeren, Weintrauben (Anthocyane)

Glucosinolate (Senfölglykoside)

- schmecken scharf, kresseartig
- Wirkungen: 1, 2, 3, 5 und 8
- in Schaumkräutern, Kresse, Kohlarten

Monoterpene

- bilden zusammen mit den Sesquiterpenen die wichtigsten Bestandteile ätherischer Öle, die aromatisch bis scharf riechen und schmecken
- Wirkungen: 1, 2, 6 und 8
- in Dost (Thymol), Pfefferminze (Menthol)

Phenolsäuren

- gehören zu den Polyphenolen, kommen häufig in der Schale oder in Randschichten vor
- Wirkungen: 1 und 3
- in Brombeere, Walnuss

Phytoöstrogene

- gehören zu den Polyphenolen; drei Gruppen: Lignane, Isoflavone und Coumestane; wirken wie körpereigene Östrogene
- Wirkungen: 1, 3, 5 und 10
- in Rot-Klee und Sojabohne (Isoflavone), Leinsamen (Lignane)

Phytosterine

- kommen in fettreichen Pflanzenteilen, meist Früchten oder Samen, vor
- Wirkungen: 1, 2, 5 und 8
- in Brennnesselsamen und -wurzeln, Avocado, Sesamsamen

Proteaseinhibitoren

- meist Proteine, die proteinspaltende Enzyme hemmen, verhindern so den Abbau von Proteinen; können auch vom Körper selbst gebildet werden
- Wirkungen: 1, 3 und 9
- in Sojabohnen und anderen Hülsenfrüchten, Mais

Saponine

- Seifenstoffe, die ihren Namen der Schaumbildung zusammen mit Wasser verdanken
- weit verbreitet in verschiedenen Pflanzenteilen, schmecken „kratzig“, auch bitter
- Wirkungen: 1, 8 und 13
- in Gänseblümchen, Seifenkraut

Sulfide

- schwefelhaltige Verbindungen
- Wirkungen: 1, 2, 3, 4, 5, 6, 7 und 8
- in Bärlauch, Knoblauch

Andere Einteilungen möglich

Es werden auch andere Einteilungen der Pflanzeninhaltsstoffe vorgenommen, dabei werden die Stoffe zum Beispiel nach Geschmack oder Wirkung/Nutzung eingeteilt. Denken Sie etwa an die Bitterstoffe beziehungsweise die zusammenziehenden Gerbstoffe oder die zu den Kohlenhydraten zählenden Schleimstoffe. Sie sind aber oft keiner einheitlichen chemischen Gruppe zuzuordnen.

Wildpflanzen statt Medikamente

Betrachten wir die Wirkungen Sekundärer Pflanzeninhaltsstoffe, die zum Teil bereits seit vielen Jahren bekannt, aber noch längst nicht alle erforscht sind, dann ergibt sich ein beeindruckendes Bild: Bei allen Gruppen wird eine krebshemmende Wirkung beschrieben. Machen wir uns die Wirkungen insgesamt deutlich, dann wird klar: Mit den Sekundären Pflanzenstoffen nehmen wir wertvolle Stoffe zur Vorbeugung zahlreicher Krankheiten auf – vor allem auch zur Vorbeugung gegen Krebs! Da passt ein Zitat von Dr. Max Bircher-Benner aus dem Jahre 1933, gefunden bei Semler (2012), erstaunlich gut:
„Die Berechtigung zur weitgehenden Einschränkung von Medikamenten ist da, denn dem kranken Organismus wird ja Besseres geboten. Der vegetabile Nahrungsschatz ist ein pharmakologisches Arsenal, das noch viel zu wenig erforscht ist.“

Und die Ergebnisse moderner Studien machen klar: Je vielfältiger unsere pflanzliche Ernährung und damit die Aufnahme verschiedener Pflanzeninhaltsstoffe ist, desto besser sind wir vor Krankheiten geschützt.
Für viele Stoffe ist mittlerweile auch wissenschaftlich belegt, dass die Aufnahme in isolierter Form weniger wirksam ist, als wenn sie im Organismus der Pflanze eingebettet aufgenommen werden. Vitamintabletten und ähnliche Nahrungsergänzungsmittel auf Basis isolierter oder synthetischer Stoffe sind also keine empfehlenswerte Alternative.

Warum Inhaltsstoffe nicht alles sind

Es gäbe noch viele Inhaltsstoffe im Detail vorzustellen, das würde hier zu weit führen. Interessant ist aber, dass wir im Grunde all dieses Wissen gar nicht brauchen, um uns gesund zu ernähren. Verlassen Sie sich auf Ihren Geschmack und die Rückmeldungen Ihres Körpers, dann treffen Sie mit etwas Übung automatisch die richtige Auswahl.
Es ist keineswegs so, wie es in früheren Zeiten hieß, dass alles, was gesund ist, auch schlecht oder etwas eigentümlich schmecken muss. Dieses Vorurteil stammt noch aus Zeiten, als die Einnahme von Lebertran, Weizenkleie oder anderer Scheußlichkeiten propagiert

Wild und gesund statt zivilisationskrank

Wir haben uns längst an Zivilisationskrankheiten gewöhnt und bezeichnen sie schon gar nicht mehr als solche. Zum Beispiel haben viele Menschen Probleme mit empfindlichem Zahnfleisch, Zahnfleischbluten und -entzündungen. Studiert man die Heilwirkungen vieler Pflanzen, liest man immer wieder den Hinweis: „Hilfreich bei Entzündungen des Zahnfleischs“ oder „zur Anwendung im Mund- und Rachenraum“. So helfen zum Beispiel die Gerbstoffe in Gänse-Fingerkraut oder Brombeerblättern, entzündete Oberflächen wieder zu schließen. Ätherische Öle wirken gegen Keime und verschiedene Flavonoide können beides bewirken.

Essen Sie ausreichend Wildpflanzen, tun Sie Ihrem Zahnfleisch schon beim Essen etwas Gutes. Deshalb ist auch die allgemeine Empfehlung, nach Süßem einige wilde grüne Blätter zu essen, nicht zu verachten. So werden zum einen die schädlichen Zuckerstoffe, die sich zu Säuren umwandeln und Zähne und Zahnfleisch angreifen, im Mund neutralisiert. Gleichzeitig sorgen Sekundäre Pflanzenstoffe für gesunde Schleimhäute und eine gesunde Mundflora.

Brombeerfrüchte – unwiderstehlich, gesund und blauschwarz durch Anthocyane.

wurde und ist doch schon längst überholt.

Wenn Sie sich der Jahreszeit entsprechend durchs Sortiment von Pflanzen – Wildpflanzen und Kulturpflanzen – essen, dann sind Sie rundum gut versorgt. Die Auswertung zahlreicher gesundheitlicher Parameter von Menschen, die sich vegan ernähren, zeigt dies deutlich.

Während man jedoch in Amerika Veganern schon eine gute Gesundheit und beste Lebenserwartung bescheinigt, herrscht in Deutschland bei offiziellen Stellen noch Skepsis. Umso erfreulicher ist es, dass sich trotzdem immer mehr Menschen für eine vegane oder rohköstliche Lebensweise entscheiden.

Meine Empfehlung

Nehmen Sie als Vegetarier, Veganer oder Rohköstler die Wildpflanzen zu Ihrer Ernährung dazu, dann fehlt Ihnen nichts.

Kleine Mengenlehre: Wovon wie viel?

Oft werde ich gefragt: „Wie viel darf oder soll ich von dieser Pflanze essen?" „Soviel Ihnen guttut", ist dann die Antwort. Ich weiß schon, dass diese Auskunft für Anfänger meist unbefriedigend ist, aber ich will Ihnen damit vor Augen führen, dass es nicht um Mengen und Inhaltsstoffe geht, sondern darum, auf den Körper und seine Bedürfnisse zu hören.

Bitte keine Extreme

Wir sind alle mit einem sehr empfindlichen Geschmackssinn ausgestattet, der uns sagt, wann die Menge an Wildpflanzen, die uns guttut, erreicht ist. Sie sollten anfangs nicht den Fehler machen und denken: Viel hilft viel! „Die Dosis macht's!" – das gilt auch hier. Verfallen Sie nicht in Extreme und nehmen Sie nicht jede Wildpflanze in großen Mengen zu sich.

Ein Beispiel: Selbstverständlich ist die verdauungsfördernde Wirkung der Bitterstoffe sehr gesund, und gerade die Bitterstoffe fehlen uns in der konventionellen Ernährung besonders. Aber es empfiehlt sich nicht, jeden Tag eine ganze Schüssel Löwenzahn zu essen, sonst beschwert sich über kurz oder lang ihre Galle (Seite 90). Organe und Stoffwechselprozesse anregen, ja – aber nicht überstrapazieren.

Für den Anfang

Einige Faustregeln gebe ich Ihnen aber, damit Sie am Anfang ein Gefühl dafür entwickeln können, was zu tun ist. Wichtig ist dabei, dass Sie selbst für sich Verantwortung übernehmen und herausfinden, was das Richtige für Sie ist.

- **Viel essen** können Sie von milden Pflanzen, die vielen Menschen von Anfang an gut schmecken. Dazu gehören Brennnesseln, Giersch, Knopfkraut, Lindenblätter, Süßdolde, Taubnesseln, Vogelmiere und viele andere der hier im Buch vorgestellten Arten.
- **Etwas weniger** essen Sie lieber von intensiver schmeckenden Arten, wie Löwenzahn und Gundermann oder Arten mit speziellen Inhaltsstoffen, die Ihnen ab einer gewissen Menge auch nicht mehr schmecken. Vielen geht es so etwa mit den Schaumkräutern, der Knoblauchsrauke oder dem Sauerampfer.
- **Ganz wenig** essen vor allem Einsteiger von Pflanzen, deren Inhaltsstoffe ihnen noch nicht vertraut sind und ihnen daher nicht schmecken. Hier geht es darum, sich ihnen erst einmal zu nähern und herauszufinden, ob diese Arten überhaupt für Sie geeignet sind. Ganz wenig, das gilt auch für Pflanzen(-teile) mit sehr speziellen Inhaltsstoffen, die nur in kleinen Mengen zum Verzehr empfohlen werden – wie zum Beispiel die Bucheckern in roher Form.
- Es versteht sich von selbst, dass Sie ausgewiesene Giftpflanzen **nicht einmal probieren.**

- **Kauen Sie intensiv**, speicheln Sie den zerkauten Pflanzenbrei gut ein und schmecken Sie die Inhaltsstoffe. Wenn es Sie dabei schon schüttelt, war die Menge zu diesem Zeitpunkt wohl zu groß – probieren Sie das nächste Mal weniger. Schmeckt alles angenehm und eingängig, werden Sie von ganz alleine mit der Zeit das Bedürfnis nach mehr haben.
- Essen Sie nach Möglichkeit **Wildpflanzen zu jeder Mahlzeit** – ein bis zwei Handvoll davon sollten es schon sein. Achten Sie außerdem auf **Abwechslung** bei der Wildpflanzenauswahl.

Bedürfnisse befriedigen

Das Wissen um die Inhaltsstoffe hat den Vorteil, dass Sie durch eine gezielte Auswahl an Wildpflanzen der ein oder anderen Versuchung aus dem Reich der konventionellen Ernährung widerstehen können. Das Verlangen nach Kaffee etwa erscheint mir oft als Ausprägung eines Bedürfnisses nach Bitterstoffen – versuchen Sie es alternativ mit einigen Löwenzahnblättchen oder einem frisch gepressten Löwenzahnsaft (Seite 91). Außerdem kann das in Kakaobohnen enthaltene Theobromin die anregende Wirkung des Coffeins ersetzen.
Lust auf Salziges? So äußert sich häufig ein Mineralstoffmangel. Dem Körper

Achtung, Unverträglichkeiten!

Achten Sie auf Unverträglichkeiten. Anfänger können auf eine Pflanze auch allergisch reagieren, das ist nicht auszuschließen, kann sich aber mit der Nahrungsumstellung auch wieder verlieren.

Giersch an Durian (Seite 68) – wetten, Sie wollen mehr? Anfangs gewöhnungsbedürftig, aber dann gibt es kein Halten mehr.

Allergische Reaktionen – zum Beispiel auf Haselnüsse – können durch die Umstellung auf Rohkost mit Wildpflanzen verschwinden.

dann Natriumchlorid, also Steinsalz oder Meersalz, zu geben, ist nur eine Ersatzbefriedigung und macht auf Dauer nicht zufrieden. Da müssen schon einige Handvoll Wildpflanzen her, bis das Bedürfnis nach Mineralstoffen wirklich gestillt ist. Ergänzend können Sie auch zu Meeresalgen greifen, die im Rohkostsortiment frisch oder getrocknet in reicher Auswahl verfügbar sind und neben den körperlichen Bedürfnissen auch die kulinarischen befriedigen können.

Satt und zufrieden – Diät überflüssig

Warum eine Diät machen, wenn Sie nur die Auswahl der Nahrungsmittel ändern brauchen? „So einfach soll das sein?“, werden Sie fragen. Ja, weil Sie mit dieser Ernährungsform auch wirklich satt werden.

Wenn unser Körper Hunger oder Appetit signalisiert, verlangt er nach Inhaltsstoffen. So kann es sein, dass Sie zwar mengenmäßig ausreichend gegessen haben, aber immer noch Verlangen verspüren. Dieses wird auch erst verschwinden, wenn Sie den echten, grundlegenden Bedürfnissen des Körpers nachgekommen sind. Oft essen wir, obwohl wir keinen Hunger haben. Wenn wir Stress kompensieren und schlechte Laune ausgleichen wollen oder müde sind, greifen wir häufig einfach zu. Nicht selten gibt es daher Menschen, die übergewichtig sind und gleichzeitig Symptome einer Mangelversorgung aufweisen.

Was aber verlangt der Körper eigentlich, wenn wir seelisch unausgeglichen sind? Sie ahnen es: Inhaltsstoffe. Stoffe, die auch auf die Seele ausgleichend wirken, wie es zum Beispiel die Bitterstoffe tun. Wählen Sie Rohkost und Wildpflanzen, dann normalisiert sich Ihr Gewicht ohne Diät und Sie werden trotzdem gut versorgt und zufrieden sein.

Smoothies – hier scheiden sich die Geister

Während die einen auf die Fruchtpürees schwören, sind sie den Puristen unter den Rohköstlern ein Dorn im Auge, weil die Pflanzen dann nicht ausreichend gekaut werden. Ich meine: Smoothies sind okay, wichtig ist der richtige Umgang damit. Bitte verwenden Sie in Smoothies nur so viele der essbaren Wildpflanzen, wie Sie auch unpüriert davon essen würden und auch nur Pflanzenarten, die Ihnen auch unverarbeitet schmecken. Es wäre falsch, in Smoothies große Mengen stark wirksamer Wild- und Heilpflanzen zu verarbeiten, nur, weil dort ihr Geschmack durch Zugabe süßer Mangos oder Datteln kaschiert wird.

Was zu beißen – die Verdauung beginnt im Mund

Vergessen Sie bei Gerichten mit fein verarbeiteten Wildpflanzen nicht, diese ebenso gut zu kauen und einzuspeicheln wie unverarbeitete Wildpflanzen. Die Meldung der Rezeptoren im Mund, dass Bitterstoffe oder andere Inhaltsstoffe in der Nahrung enthalten sind, führt nämlich erst zur Produktion von Verdauungssäften, sodass diese Inhaltsstoffe richtig verdaut und gut genutzt werden können. Achten Sie daher auch darauf, ausreichend Wildpflanzen in möglichst wenig verarbeiteter Form zu sich zu nehmen.

Essbare Wildpflanzen im Alltag nutzen

Warten Sie nicht auf den Tag, an dem Sie endlich Zeit für eine Wildpflanzenwanderung haben werden – er wird vermutlich nicht kommen. Nutzen Sie die Pflanzen, wann immer sich die Gelegenheit bietet – auf dem Weg zur Arbeit, beim Spaziergang, im eigenen Garten und auf der Wiese liegend. Lernen Sie dazu die Wildpflanzen kennen, bei geführten Exkursionen, mithilfe dieses Buches und weiterführender Literatur und dann geht's los.

Wildpflanzen jederzeit

Wenn Sie an einer Linde vorbeikommen, ernten Sie einfach eine Handvoll Blätter, die Gänseblümchen im Rasen geben Sie mit in den Salat, der Giersch in den halbschattigen Grundstücksecken wird ebenfalls verarbeitet und die Vogelmiere, die sich im Balkonkasten ausbreitet, wird in Zukunft so lange mitgepflegt, bis es für ein Gericht reicht.
So viel Giersch können Sie vielleicht gar nicht essen, wie Ihr Garten Ihnen bietet? Na dann gibt es eben zusätzlich oder zur Abwechslung mal Saft – nur zu. Nutzen Sie die Wildpflanzen, die sich in Ihrer Nähe befinden oder Sie durch den Tag begleiten, Sie werden sehen, da findet sich schon etwas – und dann können Sie am Wochenende immer noch den großen Kräuterspaziergang machen.

Wildpflanzen kochen?

Zum Kochen sind mir die Wildpflanzen viel zu schade. Wenn ich darüber nachdenke, wie viele der wertvollen Inhaltsstoffe dadurch zerstört würden, dann tut es mir leid um die Zeit, die ich mit Sammeln verbracht habe. Sollten Sie Wildpflanzen auch zu Kochgerichten reichen wollen, dann geben Sie sie erst zum Schluss auf dem Teller über das fertige Gericht, so haben Sie vollen Nutzen und Genuss.

Wildpflanzen so viel jeder mag

Wenn Sie sich fragen, wie Sie die Wildpflanzen Ihrer Familie anbieten sollen, dann gibt es verschiedene Möglichkeiten. Ich halte generell nichts vom Schummeln und bin gerne bereit, allen am Tisch die Zutaten zu verraten. So kann jeder selbst entscheiden. Gerne biete ich die Wildpflanzen auch einfach in Extraschälchen an, so kann man sich nach Belieben davon nehmen.

Alternative oder Selbstverständlichkeit

Sicher ist die Verwendung in Smoothies oder in Säften, veganen Joghurts oder Cremes nicht so ideal wie der sofortige Verzehr. Doch dieses Einbinden der Wildpflanzen in die übliche Ernährung macht es vielen Menschen leichter.
So verwende ich die Wildpflanzen nicht nur für ausgesprochene Rohkostgerichte, sondern auch zur Ergänzung veganer Gerichte für Familie und Freunde, die nicht ausschließlich Rohkost essen mögen.

Hauptsache lecker!

Obst- und Gemüsesäfte werden mit Wildpflanzen wertvoller und sättigen besser. Eine Suppe lässt sich auch einmal kalt zubereiten und ob ein Kuchen oder ein Dessert rohköstlich zubereitet oder gebacken wurde, spielt keine Rolle – solange es schmeckt.

Dieser Grundgedanke ist mir der wichtigste, denn wenn Rohkost mit Wildpflanzen schmeckt, dann ist sie nicht nur Alternative zur herkömmlichen Ernährung, sondern kann auch die perfekte Ergänzung sein.

Stecken Sie die Rohkost und die Wildpflanzen also nicht in Ihre persönliche Schublade, sondern integrieren Sie sie mit Selbstverständlichkeit in Ihren Familienalltag.

Lindenblätter und -blüten schmecken mild und daher auch Kindern.

Wildpflanzen-portraits

Hier finden Sie, was Sie brauchen, um Ihrer Sammel- und Zubereitungsleidenschaft nachzugehen: Genaue Beschreibungen der Pflanzen, ihr Nutzen für unseren Körper und superleckere Rezepte.

38 Zu den Rezepten
40 Wildpflanzen von A bis Z

Zu den Rezepten

Rohkost zubereiten ist ganz einfach. Sorgen Sie sich nicht, wenn Sie eine Zutat nicht vorrätig haben! Lassen Sie diese einfach weg. Im Falle von Gewürzen, ergänzenden Zusätzen wie Shilajit (Seite 73) oder Ähnlichem ist das kein Problem. Bei Hauptzutaten können Sie Ersatz finden – Blumenkohl durch Kohlrabi oder Sellerie durch Karotten ersetzen. Bevorzugen Sie Bioobst und -gemüse, am besten von Anbauverbänden wie Naturland, Bioland, Demeter und ähnlichen, so gehen Sie sicher, dass Sie die bestmögliche Qualität erhalten, alternativ bleibt der Eigenanbau oder der Gärtner Ihres Vertrauens.

Improvisieren erlaubt

- Lassen Sie sich nicht davon abhalten zu experimentieren, diese Rezepte sollen Sie vor allem dazu anregen, Ihre eigene Rohkostküche zu entdecken. Ich habe viel improvisiert und nur ganz selten ist etwas daneben gegangen. Solange Sie nicht zu viel Salz oder Peperoni verwenden, können Sie alles retten. Es sei denn, die Tortencreme wird einmal nicht fest, aber dann reichen Sie die Creme kurzerhand als Schlagsahneersatz zum Obstkuchen – das geht doch auch.
- Schöpfen Sie aus dem Vollen und lassen Sie Ihrer Kreativität freien Lauf. Handhaben Sie die Mengenangaben nicht zu streng. Meine Teelöffel und Esslöffel sind immer gehäuft und noch lieber verwende ich gar kein Maß, sondern gebe die Zutaten direkt handvollweise oder aus Glas und Tüte geschüttet in die Schüssel oder den Mixer.
- Wenn Lebensmittel bestimmte Funktionen übernehmen, wie zum Beispiel zum Gelieren beitragen, wie das etwa die Chia-Samen tun, dann wählen Sie geeignete Alternativen, etwa Flohsamen, Flohsamenschalen oder Breit-Wegerichsamen. Fehlt Ihnen das zum Süßen und Verdicken gedachte Lucuma- oder Mesquite-Pulver, dann verwenden Sie einen passenden Ersatz, der in etwa dieselbe Funktion erfüllt: statt Mesquite-Pulver beispielsweise trockene Datteln, die Sie mitpürieren, oder auch eine Banane. Natürlich sollten Sie für die Herstellung von „echter" Schokolade Kakao-Pulver verwenden, aber Carob-Pulver erfüllt – was Zubereitung und Geschmack anbelangt – in ähnlicher Weise den Zweck.

Zum Trocknen

Nicht jeder Backofen kann auf niedrige Temperaturen bis 40 °C eingestellt werden. Aber die moderneren, bei denen das oft nicht möglich ist, haben stattdessen häufig eine Warmhaltefunktion oder eine Gärstufe oder Ähnliches, versuchen Sie es einmal damit. Wenn Sie im Backofen trocknen, dann lassen Sie die Tür einen Spalt breit geöffnet, so kann die feuchte Luft entweichen, auch wenn Sie ohne Umluft trocknen.
Bei den gängigen Dörr- und Trocknungsgeräten gibt es Unterschiede. Schauen Sie sich diese genau an und entscheiden Sie dann, welches das richtige für Ihren Bedarf sein könnte.

Notwendige und überflüssige Küchengeräte

Man braucht nicht jedes Gerät, das für Rohköstler propagiert wird. Die meisten Gerichte können ganz ohne spezielle Geräte zubereitet werden. Mittlerweile bin ich aber ganz dankbar für meinen Hochleistungsmixer: Der Vitamix muss fast jeden Tag ran: Ich nutze ihn, um Smoothies, Cremes oder Nussmilch herzustellen, aber auch für Teige und Gemüsereis, insofern kann ich die Anschaffung eines solchen Gerätes nur empfehlen.

Zur Not gelingt es damit, auch Saft herzustellen, indem einfach die Saftzutaten püriert und danach alles durch einen Nussmilchbeutel aus feiner Gaze oder ein Tuch gepresst wird. Leichter geht's mit einem Entsafter. Unter den klassischen Anbietern von Haushaltsgeräten finden Sie meistens nur sogenannte Zentrifugenentsafter, die Obst und Gemüse nicht nur sehr stark zerstören, sondern meist auch noch erwärmen. Schonender arbeiten langsamere Saftpressen, Slow Juicer, die das Obst und Gemüse langsam auspressen, wie der Green Star Elite oder Coway Juicepresso. Gleichzeitig gelangt bei diesem schonenden Verfahren auch weniger Sauerstoff in den Saft, wodurch weniger Oxidation stattfindet und mehr Inhaltsstoffe erhalten bleiben. Kräuter und Blätter verarbeiten diese Geräte zudem gleich mit.

Mengen

Die Rezepte wurden in der Regel für 2 Personen geschrieben, andernfalls habe ich die Menge angegeben. Sie können die Zutaten angepasst auf Ihren persönlichen Bedarf vervielfältigen. Bleiben Sie flexibel, wenn es einmal nicht auf Anhieb hinhaut und geben Sie wenn nötig vielleicht etwas mehr Flüssigkeit oder etwas mehr von den bindenden Zutaten oder Gewürze Ihrer Wahl hinzu.

Verwendete Abkürzungen

TL = Teelöffel
EL = Esslöffel
g = Gramm
ml = Milliliter
l = Liter
Msp. = Messerspitze
cm = Zentimeter

Mariniert und getrocknet, so werden aus Salbeiblättern leckere Chips.

Bärlauch

Allium ursinum – Amaryllisgewächse

Wo finden? Der Bärlauch wächst im Halbschatten unter Sträuchern und Bäumen, bevorzugt auf frischem Boden und am feuchten Bachrand, wo er nährstoffreiche Erde findet. Stellen, die von Zeit zu Zeit überflutet werden, sind besonders gute Bärlauchstandorte.

Wie erkennen?

> 20 – 50 cm hohe, frühjahrsgrüne Staude

> lanzettliche Blätter, spitz auslaufend, 2 – 7 cm breit, von Februar bis Juni

> bevor sie sich ganz entfalten, sind die Blätter von beiden Seiten des Blatts nach hinten zur Blattunterseite eingerollt, im Unterschied zum giftigen Maiglöckchen, dessen Blätter sich zigarrenartig gerollt entfalten

> meist 2 Blätter einzeln gestielt aus einer Zwiebel entspringend, im Unterschied zur giftigen Herbst-Zeitlose, deren Blätter ungestielt und zu vielen aus der unterirdischen Sprossknolle wachsen

> Blätter gleichmäßig grün mit parallelen Blattadern, im Gegensatz zum giftigen Aronstab, der verzweigte Blattadern aufweist

> Blätter immer zur Spitze hin nach außen gebogen, die jungen Blätter der

So sieht ein typischer Bärlauchbestand aus.

Herbst-Zeitlose sind nach innen zur Blattoberseite hin löffelartig gerundet

- Blüten weiß, zu vielen kugelig angeordnet als Blütenstand, dessen Einzelblüten aber nur scheinbar an derselben Stelle entspringen (Scheindolde), Einzelblüten mit je 6 Blütenhüllblättern, von April bis Juni
- Samen schwarz in kleinen Kapseln
- die Zwiebel sieht aus wie eine einzelne länglich-schmale Knoblauchzehe, das Maiglöckchen bildet dagegen unterirdische Wurzelausläufer, die Knolle der Herbst-Zeitlose ist größer und rund

Wie ernten? Geerntet werden die jungen grünen Blätter, die oft schon ab Ende Februar aus dem Boden schauen, aber auch Zwiebeln, Blüten und sogar Samen – letztere frisch oder getrocknet – können verwendet werden. Vorsicht beim Ernten: Schauen Sie genau hin, gerne ist der Bärlauch mit Giftpflanzen wie Maiglöckchen, Aronstab (Bild Seite 15) oder Herbst-Zeitlose vergesellschaftet, die Sie keinesfalls miternten sollten.

Wie schmeckt's? Der Bärlauch schmeckt lauchartig scharf, aber milder und etwas süßer als der Knoblauch.

Würzig und beliebt?

Obgleich der Bärlauch keine langanhaltende Duftfahne hinterlässt wie der Knoblauch, ist er nicht bei allen Rohköstlern beliebt. Die blutdrucksenkende Wirkung der Lauchöle kann dazu führen, dass sich manche nach dem Verzehr von Bärlauch etwas schlapp fühlen. Machen Sie diese Erfahrung auch, dann verwenden Sie das leckere Kraut lieber nur in kleinen Mengen zum Würzen und bevorzugt abends.

Der Bärlauch ist aber ein guter Lieferant für Vitamin C und deshalb dennoch jedem ans Herz zu legen. Außerdem unterstützt er die Verdauung und wirkt gegen Bakterien, vor allem im Magen-Darm-Bereich. Wer den Geschmack nicht überzeugend findet, kann alternativ wilden Schnittlauch, *Allium schoenoprasum*, oder den süßlich scharfen Dreikantigen Lauch, auch Glöckchen-Lauch genannt, *Allium triquetrum*, verwenden. Letzteren finden Sie im Sortiment der Staudengärtnereien (Bild Seite 5). Sie können ihn gut im Garten verwildern lassen – wie übrigens den Bärlauch selbst auch. Getrocknet verliert der Bärlauch seinen Geschmack, wollen Sie ihn konservieren, legen Sie ihn als Pesto in Öl ein.

Vorsicht

Fallen Sie nicht auf den Tipp herein, Bärlauch nur am Geruch erkennen zu können. Wenn Sie bereits den knoblauchartigen Geruch an den Fingern haben, riecht vermeintlich jede andere gepflückte Pflanze danach – achten Sie also lieber auf die anderen genannten Merkmale.

Achtung – Gourmet-Rohkost

Die Frühlingskräutercreme im folgenden Rezept ist nichts für Rohkostpuristen und Urköstler, sondern reine Gourmet-Rohkost. Gourmets jedoch wird diese remouladenartige Kräutersoße entzücken – ob Rohköstler oder nicht. Statt Mandelmus können auch Macadamianüsse oder Mandeln eingeweicht und püriert werden. Je nach Wasserzugabe können Sie eine Kräuterbutter, -creme, -mayonnaise oder eine Soße herstellen. Unzählige Geschmacksvariationen sind möglich, beispielsweise durch Zugabe von anderen Wildpflanzen, Kräutern, Senf oder getrockneten Tomaten.

Gourmet-Rohkost: Blumenkohlröschen in Frühlingskräutercreme.

Blumenkohlröschen in Frühlingskräutercreme

1 mittelgroßer Blumenkohl
3 EL Mandelmus
Saft von 1 Zitrone
3 TL Kapern (in Salz eingelegt)
1 – 2 Handvoll frischer Kräuter in folgender Zusammensetzung: 2 Teile Bärlauch, je 1 Teil Giersch und Bitteres Schaumkraut
100 ml Olivenöl oder 1 Avocado
Wasser nach Bedarf – cremeartig wird es mit etwa 100 – 150 ml

nach Geschmack Meersalz oder Nama Tamari

Den Blumenkohl putzen und in kleine Röschen brechen und auf Tellern oder in einer Schüssel anrichten. Mandelmus mit Zitronensaft, Kapern und Kräutern pürieren. Unter ständigem Pürieren das Öl dazufließen lassen oder das Fruchtfleisch der Avocado zugeben. Weiter pürieren und durch die Zugabe von Wasser die gewünschte Konsistenz herstellen. Die Kräutercreme über den Blumenkohl geben.

Nama Tamari ist eine rohe, glutenfreie Sojasoße. Die verwendeten Sojabohnen werden vor der Fermentation allerdings gekocht. Durch die Zugabe des Koji-Pilzes *Aspergillus oryzae* und jahrelange Fermentation werden die Nährstoffe aus der Sojabohne in ihre Grundbausteine (Aminosäuren, Fettsäuren, Kohlenhydrate etc.) zerlegt. Danach wird die Soße nicht pasteurisiert. Ich verwende sie nur selten, gerne aber zum Würzen, wenn Nichtrohköstler mitessen. Salzen Sie nicht zusätzlich, die Soße enthält ausreichend Meersalz.

Beinwell

Symphytum officinale – Raublattgewächse

Wo finden? Der Beinwell mag es feucht und nährstoffhaltig, feuchte Wiesen am Waldrand und Auenwälder sind seine liebsten Standorte. Je nach Bodenqualität wechselt er seine Blütenfarbe von Blau nach Rosa und Weiß. Diese Farbvarianten können auch genetisch bedingt sein, daher wurden von Staudengärtnern die Sorten mit bestimmten Blütenfarben selektiert und weitergezüchtet.

Wie erkennen?

> 30 – 100 cm hohe, horstig wachsende, sommergrüne Staude mit aufrechten Blütenstielen

> Stängel kantig und im oberen und mittleren Bereich oft geflügelt, so nennt man es, wenn Blätter an den Seiten der Blattstiele und der Stängel leistenartig herablaufen (Unterscheidungsmerkmal zum giftigen Roten Fingerhut, *Digitalis purpurea*)

> die ganze Pflanze ist borstig rau behaart

> Blätter 30 cm lang und schmal, vorne spitz zulaufend (Unterschied zum Roten Fingerhut)

> Blütenstände gewickelt, blühen von der Basis her ab Mai auf, Blütenstandsstiele nickend

> Einzelblüten etwa 1 – 2 cm lang, glockige Röhrenblüten mit herausschauendem Griffel

Wie ernten? Die Blätter können die ganze Vegetationsperiode über gepflückt werden, vom Frühjahr bis zum Herbst auch die Blüten. Außerdem können vom Herbst bis zum Frühjahr die Wurzeln geerntet und geschält roh verzehrt werden – merken Sie sich im Sommer also die Beinwell-Standorte gut.

Wie schmeckt's? Wer den Geschmack von Borretsch kennt und mag, wird auch den Beinwell mögen. Die Rauigkeit der Blätter von außen wird wettgemacht durch ihr sanftes, saftig frisch und gurkenähnlich schmeckendes Inneres.

Hübsche Blüten in Wickeln und raue Blätter – der Beinwell.

Beinwell in der Diskussion

Vom Verzehr des Beinwells wird in Deutschland seit längerer Zeit abgeraten, weil sich eine Gruppe von Inhaltsstoffen, die Pyrrolizidinalkaloide, bei Tierversuchen im Labor als leberschädigend erwiesen hat. Überlegen Sie sich, ob Sie Laborexperimente mit hoch konzentrierten Inhaltsstoffen als Richtschnur dafür gelten lassen, die ganze Pflanze mit all ihren positiven Wirkungen aus ihrem Nahrungssortiment auszuklammern.

Der Beinwell ist eng verwandt mit dem Borretsch, *Borago officinalis*, der wegen der enthaltenen Alkaloide ebenfalls in der Kritik steht. Dennoch wird Borretsch in Gärten angebaut und als Gewürz häufig genutzt. Ich benutze Borretsch und Beinwell regelmäßig als Gewürz und Bestandteil von Gerichten, aber nicht täglich und nie im Übermaß. Entscheiden Sie selbst, ob Sie Beinwell verwenden oder das Rezept alternativ lieber mit Giersch oder Wegerich zubereiten wollen.

Unverzichtbar Neben den diskutierten Pyrrolizidinalkaloiden enthält der Beinwell viele nützliche Inhaltsstoffe wie Gerbstoffe, cholesterinsenkende Phytosterine, harntreibendes Asparagin und wundheilendes Allantoin.

Weil der Beinwell viele Schleimstoffe besitzt, werden die Blätter, wenn sie als Ganzes im Salat verwendet werden, leicht matschig und sind dann weniger appetitlich anzusehen. Daher verwende ich sie für Salat nur kleingehackt, meist zusammen mit anderen Kräutern. Ganze und klein gehackte Blätter können aber gut auf Quiches und Pizzas verwendet oder als gefüllte Röllchen pikant oder süß zubereitet werden. Die Blüten eignen sich als essbare Deko.

Beinwell-Bouletten mit Ingwer-Mayo

(10 Stück)

3 EL Buchweizensamen, gekeimt und getrocknet
5 mittelgroße Karotten
je 1 Zweig Rosmarin und Thymian
1 Handvoll Pecannusskerne
3 Handvoll Beinwellblätter
1 kleine Zwiebel
1 kleine Knoblauchzehe
1 Prise schwarzer Pfeffer
2 EL Chia-Samen
2 EL Flohsamenschalen
Wasser (50 – 100 ml)

2 Handvoll Mandeln, über Nacht eingeweicht
Saft von ½ Zitrone
2 cm Ingwerwurzel
1 EL Olivenöl
Wasser nach Bedarf (50 – 75 ml)

nach Geschmack Meersalz zu den Bouletten, Meersalz oder Nama Tamari zur Mayonnaise

Die Buchweizensamen gibt es gekeimt und getrocknet zu kaufen: Sie können sie aber auch selbst keimen – nur bis die Keimlinge zu sehen sind – und dann frisch verwenden.

Die Karotten schälen und fein raspeln, die Würzkräuter von den Zweigen streifen, die Pecannüsse klein hacken. Im Mixer oder mit dem Wiegemesser Buchweizen, Beinwell, Zwiebel, Knoblauch, Gewürze und Kräuter fein zerkleinern. Mit den geraspelten Karotten, gehackten Pecannüssen, Chia-Samen vermengen. Für einen geschmeidigen Teig außerdem das Wasser und die Flohsamen-

Herzhaft: Beinwell-Bouletten mit Ingwer-Mayo.

schalen zugeben. Den Teig etwas quellen lassen und dann kleine Bouletten daraus formen. Diese im Backofen oder im Dörrgerät bei unter 40 °C und einen Spalt breit geöffneter Tür trocknen, sodass sie außen fest, im Kern aber noch saftig sind.

Für die Mayo den Ingwer durch eine Knoblauchpresse pressen und die eingeweichten Mandeln häuten. Mandeln und Ingwer mit dem Zitronensaft pürieren. Das Öl, alternativ Avocadofruchtfleisch oder nur Wasser, dazugeben und pürieren bis eine geschmeidige Creme entstanden ist.

Birke, Hänge-Birke

Betula pendula – Birkengewächse

Wo finden? Die Birke ist ein Pionierbaum, das heißt, sie besiedelt gerne freie Flächen, auch auf nährstoffarmen Böden. Man findet sie in lichten Laub- und Nadelwäldern, auf Heideflächen und Magerrasen.

Wie erkennen?

> sommergrüner Baum mit weißer Rinde, bis 25 m hoch
> Laub hellgrün, Blätter 4–7 cm lang, dreieckig drachenförmig, an den zur Spitze laufenden Kanten doppelt gesägt (lange und kurze Sägezähne)
> männliche und weibliche Blüten an einer Pflanze, wobei nur die männlichen Blütenstände auffallen, weil sie von April bis Mai sogenannte Kätzchen bilden, aus denen die gelben Pollen stauben

Die männlichen Blütenstände und die jungen Blätter bieten Genuss im Frühjahr.

Wie ernten? Geerntet werden Blütenkätzchen, Blattknospen und junge Blätter. Traditionell wird von März bis April auch der Stamm zur Saftgewinnung angezapft. Auch die innere Rinde könnte gegessen werden, allerdings nur, wenn der Baum ohnehin gefällt werden muss oder einzelne Äste abgeschnitten werden. Rindenverletzungen führen sonst zum Absterben des Baums.

Wie schmeckt's? Die Blätter schmecken verglichen mit anderen Baumblättern neutral, ältere leicht herb. Die Blütenkätzchen schmecken süßlich mehlig, der Saft nur leicht süßlich.

Frühjahrserfrischung

Birkenblätter wirken stoffwechselanregend und entwässernd, ein wertvoller Impuls im Frühjahr, vor allem als Unterstützung von Frühjahrskuren. Flavonoide, Saponine, Gerbstoffe, Bitterstoffe und Vitamin C sind nur ein Teil ihrer Inhaltsstoffe. Bei rheumatischen Beschwerden verschaffen die Blätter Erleichterung. Aber in erster Linie wurden sie früher als Streckmehl genutzt. Als Mehlersatz können wir sie auch heute verwenden: Zum Beispiel können die getrockneten Blätter im Winter, wenn

sich nicht mehr soviel Grünes draußen findet, verschiedenen Teigen zugesetzt werden.
Neben den Blättern sind es vor allem die Blüten, die gut zu verwenden sind. Wegen der mehlartigen Konsistenz der Pollen, die aus Kohlenhydraten, Eiweißbausteinen und Fettsäuren bestehen, eignen sie sich wie die Blätter gut als Zusatz für Rohkostbrote, aber auch für Smoothies. Ich esse sie auch einfach unterwegs, vor allem schon im zeitigen Frühjahr, dann wirken sie als Energieschub. Pollen als Nahrungsergänzung ist ja nun nichts Neues, aber wozu die Bienen belästigen: Pollen sammeln kann ich auch!
Ich persönlich verzichte in der Regel auf die Verwendung der inneren Rinde und des Saftes, nicht zuletzt mangels Gelegenheit. Die wertvollen Inhaltsstoffe aus Blättern und Blüten sollten reichen.

Reichhaltig: Birkenbrot aus Mandeln und Birkenblüten.

Allergiker aufgepasst

Ich habe mich durch Rohkost mit Wildpflanzen auf Dauer vom Heuschnupfen verabschieden können und esse heute genüsslich, was mir früher den Aufenthalt im Freien vermiest hat: Birkenpollen.

Birkenbrot

250 g Mandeln
2 Handvoll männliche Birkenblüten
1 Karotte
½ TL Koriandersamen
100 g Leinsamen

nach Geschmack Meersalz, 1 Knoblauchzehe oder Schnittlauch oder für eine süße Variante Rosinen und Zimt

Mandeln über Nacht in Wasser einweichen, das Einweichwasser abgießen und die Mandeln waschen. Die Birkenblüten vom Blütenstand abrebeln. Die Mandeln mit der Karotte, den Birkenblüten, Koriandersamen und den Zutaten nach Geschmack im Mixer oder Zerkleinerer klein hacken. Dann die Leinsamen getrennt davon im Mixer/Zerkleinerer grob mahlen und anschließend unter die Mandelmischung rühren. Bei Bedarf etwas Wasser zugeben.
Einen Brotlaib formen und in etwa 2 cm dicke Scheiben schneiden. Diese nebeneinander auf ein mit Backpapier ausgelegtes Blech oder Gitter legen und im Backofen oder in einem Lebensmitteltrockner bei Temperaturen unter 40 °C trocknen.

Brennnesseln

beschriebene Brennnessel-Arten – Brennnesselgewächse

Große Brennnessel (*Urtica dioica*), Kleine Brennnessel (*Urtica urens*)
Beschrieben wird hier nur die Große Brennnessel, beide Arten können aber gleichermaßen rohköstlich verwendet werden.

Brennnesselsamen

Wo finden? Die Große Brennnessel ist ein Stickstoffzeiger und in lichten Wäldern, am Waldrand, auf Staudenfluren, Schutt oder an Zäunen zu finden, vor allem an Stellen, die frischen bis feuchten nährstoffreichen Boden aufweisen. Oft steht sie auch an Plätzen, die von Hunden „gedüngt" werden. Stimmen Sie Ihr Ernteverhalten darauf ab und verwenden Sie gegebenenfalls nur die hochgewachsenen Triebspitzen.

Wie erkennen?

- ausdauernde Staude, 30 – 150 cm hoch, teilimmergrün (das heißt, dass kleine, meist bodennahe Blätter in milden Wintern überdauern)
- vorwiegend straff aufrecht wachsende Pflanze, mit vierkantigem, manchmal rötlichem Stängel
- Blätter gegenständig, das heißt, 2 Blätter sind auf gleicher Höhe gegenüberstehend angeordnet, eiförmig, vorne zugespitzt und am Rand gesägt, stark von Blattadern gezeichnet und mit brennenden und nicht brennenden Haaren besetzt, im Austrieb und auf der Blattunterseite oft rot überhaucht, in den oberen Blattachseln sitzen die Blütenstände
- die Brennnessel ist zweihäusig, weibliche und männliche Blüten sitzen also an verschiedenen Pflanzen, die weiblichen Blütenstände sind etwas kompakter, die männlichen Blüten bilden lange hängende Rispen (die Kleine Brennnessel ist einhäusig)
- Blüten 1 – 2 mm Ø, weißlich grün bis rötlich braun, von Juni bis Oktober
- Früchte sind kleine, runde Nüsschen, erst grün, später bräunlich

Wie ernten? Ernten Sie von der Brennnessel junge Triebspitzen, Blätter, Blüten und Samen. Erschwert wird die Ernte freilich durch die Brennhaare. Helfen Sie sich mit Handschuhen (Seite 13) oder zupfen Sie die Blätter vorsichtig ab, indem Sie sie an der Basis anfassen und dabei darauf achten, dass die Brennhaare von der Basis zur Spitze des Blatts gedrückt werden. Dann nämlich können die Brennhaare Ihnen nicht ihren quaddelnerzeugenden Inhalt, unter anderem die Ameisensäure, unter die Haut injizieren.
Wildpflanzenfreunde, denen es nicht vor ein paar Brennnesselhaaren graut, packen die Pflanze am Stängel und streifen die Blätter von unten nach oben mit einem Ruck ab. Ich bevorzuge die sanftere Methode und ernte möglichst junge Blätter und frische Triebe.
Wie schmeckt's? Der Geschmack der Brennnesselblätter ist schwer zu vergleichen. Auch wenn immer wieder der Spinat als Beispiel genannt wird, schmecke ich eher ein eigenes, unverwechselbares Aroma. Frisch verarbeitet verleihen sie den Gerichten zum Teil ein leichtes Prickeln. Die Samen sind knackig fest und schmecken, je reifer sie sind, umso nussiger.

Ungefährlich und nahrhaft

In der Küche verarbeiten Sie die Brennnesselblätter und jungen Triebe am besten direkt im Mixer oder Sie entwaffnen sie durch Flachdrücken der Brennhaare zum Beispiel mit dem Nudelholz. Verwenden Sie die Blätter gemeinsam mit fetthaltigen Zutaten oder mit Öl, dann verlieren die Haare ohnehin bald an Kraft und können nicht mehr verletzen. Die Brennnessel können Sie zu Suppen, Smoothies, in Gemüse, Salat und verschiedenen Soßen verarbeiten. Sie können Samen und Blätter auch zu süßen oder salzigen Teigen geben. Verwenden Sie die Samen für süße Gerichte besser ganz statt püriert, sie entwickeln sonst eine scharfe und etwas bittere Note.
Die rund 30-fache Menge an Vitamin C und das 10-fache an Eisen bietet die Brennnessel im Vergleich zum Kopfsalat. Aber dieses grundsätzliche Mehr an Mineralstoffen und Vitaminen, was wir allgemein von den Wildpflanzen kennen, sind nur zwei Pluspunkte. Die Brennnessel versorgt uns unter anderem mit Kieselsäure, Flavonoiden, reichlich Eiweiß und über die Samen mit linolsäurereichem Öl und Vitamin E, Schleimstoffen und Carotinoiden.
Unzählige gesundheitsfördernde Wirkungen sind beschrieben. Für Menschen, die ihre Ernährung gerade auf Rohkost umstellen, ist die blutreinigende, harntreibende und entgiftende Wirkung sehr hilfreich. Mich hat die Brennnessel, die ich in meiner Rohkostanfangszeit in großen Mengen verzehrt habe, nach wenigen Monaten von einer Anämie geheilt, obwohl mir von medizinischer Seite vorhergesagt worden war, dass ich auf die Zufuhr von Eisen in Tablettenform ein Leben lang angewiesen sein würde.

Wintertipp

Es lohnt sich, von den Brennnesselblättern und -samen einen Wintervorrat anzulegen. Sie halten sich gut und zumindest die Mineralstoffe gehen weder beim Trocknen noch beim Gefrieren verloren.

Pinzimonio mit Brennnesselsamen – italienischer Rohkostdip in wilder Variante.

Pinzimonio mit Brennnesselsamen

2 EL getrocknete weiße Maulbeeren
3 Karotten
6 Stangen vom Staudensellerie
1 rote Paprika
1 Fenchelknolle
1 feste, mittelgroße Schlangengurke
2 Handvoll Brennnesselsamenstände
1 Handvoll Brennnesselblätter
2 El Pinienkerne
Saft von 1/2 Zitrone
1 TL abgeriebene Zitronenschale
2 Handvoll schwarze Oliven, roh

nach Geschmack Meersalz, schwarzer Pfeffer

Die Maulbeeren über Nacht einweichen. Das Gemüse waschen und in zum Dippen oder Bestreichen geeignete Stücke verarbeiten. Die Brennnesselsamen zwischen den Handflächen von den Samenständen abrebeln. Brennnesselblätter, den Rest der Samenstände, abgetropfte Maulbeeren, Pinienkerne, Zitronensaft, -schale und die entsteinten Oliven in einem Mörser so lange bearbeiten, bis eine homogene Creme daraus entstanden ist. Wem das zu lange dauert, der nimmt den Mixer, bei Bedarf wenig Wasser zugeben. Das Gemüse auf Tellern anrichten, die Soße in ein Schälchen geben und die Brennnesselsamen darüberstreuen. Das Gemüse in die Soße dippen oder damit bestreichen.

Brombeere

Rubus fruticosus – Rosengewächse

Wo finden? An Zäunen und Rainen, in Hecken, am lichten, sonnigen Waldrand, teilweise im Wald, wo es hell genug ist, auf kalk- und stickstoffreichen Böden treffen Sie die Brombeerpflanzen, außerdem angepflanzt in Gärten und öffentlichen Gartenanlagen.

Wie erkennen?

> strauchähnliche Kletterpflanze mit bis über 3 m langen, bestachelten Trieben
> die Blätter sind wechselständig, das heißt, sie sind einzeln entlang der Triebe angeordnet und stehen sich nie auf gleicher Höhe gegenüber
> einzelne Blätter überwiegend in 5 etwa 6 – 10 cm lange Fiederblätter geteilt mit gesägtem bis gezähntem oder sogar leicht gelapptem Rand
> Blüten von Juni bis August mit je 5 Kelch- und weiß bis rosafarbenen Kronblättern und vielen Staubblättern, Ø etwa 3 cm
> ab Juli bis Oktober reifen die als Beeren bezeichneten Sammelfrüchte, die aus einzelnen erst grünen, dann roten und mit der Reife schwarzen Steinfrüchtchen zusammengesetzt sind, Ø bis 2 cm

Wie ernten? Die Blätter können Sie ganzjährig ernten. Dazu reißen sie diese im Ganzen oder als einzelne Fiederblätter vom Trieb beziehungsweise Blattstiel ab. Bevor Sie die Blätter essen oder

Diese Blätter trotzen auch dem Winter.

weiterverarbeiten, müssen Sie die unterseits bestachelte Mittelrippe der Blätter herausschneiden. Im Winter, wenn die Blätter gefroren sind, können Sie die einzelnen Fiederblatthälften so abziehen, dass nur noch die Mittelrippe stehen bleibt.
Die Früchte können Sie ab Juli ernten. Pflücken Sie nur die Früchte, die sich leicht ablösen lassen, weil nur diese richtig reif sind.
Wie schmeckt's? Ein hoher Gehalt an Gerbstoffen macht den Geschmack der Brombeerblätter nicht so leicht zugänglich. Anfänger stören sich vielleicht etwas daran, sollten aber nicht vergessen, dass diese Stoffe, die das als „adstringierend" bezeichnete Mundgefühl auslösen, sehr wertvoll sind. Wenn das zusammenziehende Gefühl durch kräftiges Kauen überwunden ist, kommt auch der frischgrüne Geschmack der Brombeerblätter durch.
Ich persönlich verzichte gerne das ganze Jahr über auf Brombeerblätter, da gibt es genug anderes. Aber kaum naht der Winter, ist es genau dieser Geschmack, der mir guttut und deutlich macht: Auch im Winter versorgt uns die Natur mit essbarem Grün.

Pur bei Zahnfleischproblemen

Probieren Sie die Blätter auf jeden Fall einmal pur: Rollen Sie die einzelnen Blättchen, nachdem Sie die stachelige Mittelrippe entfert haben, zusammen und knabbern Sie das Röllchen mit den Schneidezähnen klein, um sie dann anschließend mit den Backenzähnen zu einem feinen Brei zu zerkauen. Bei Zahnfleischproblemen wiederholen Sie diese Prozedur 7 Tage lang und Sie werden gewiss eine Verbesserung bemerken.

Die Früchte der Brombeere schmecken je nach Reifegrad fruchtig sauer bis süß. In kühleren Lagen behalten sie ihre säuerliche Note während sie im wärmeren Klima richtig ausreifen und dann intensiv, fast herb fruchtig und von schwerer Süße sind.

Wintergrün mit herber Note

Brombeerfrüchte weisen neben einem hohen Vitamin-C- und Mineralstoffgehalt auch die rotblauen Anthocyane auf, die zellschützende und krebsvorbeugende Wirkung haben.
Die in den Früchten, aber vor allem in den Blättern enthaltenen Gerbstoffe bewirken die Versiegelung von Oberflächen, was Blutungen oder Absonderungen aus Drüsen oder Schleimhäuten stoppen kann. Weiter wirken sie entzündungshemmend und unterstützen die Wundheilung. Sie hemmen die Ausbreitung von Pilzen, Bakterien und Viren, schützen die Schleimhäute und helfen bei Durchfall. Die Gerbstoffe Ellag- und Gallussäure gehören zu den Phenolsäuren und wirken zudem krebsvorbeugend.
Die Blätter sind von fester Konsistenz und überstehen daher auch sehr tiefe Temperaturen. Wem die Blätter pur zu unangenehm sind, der kann sie klein geschnitten in Müslis, Kräutermischungen, zu Salat oder Gemüse, in Kuchenteigen und in Smoothies verarbeiten.

Fruchtig und mit Biss: Erdmandel-Müsli mit Brombeerblättern.

Erdmandel-Müsli mit Brombeerblättern

10 große Brombeerblätter
1 große oder 2 kleine Saftorangen
Fruchtfleisch von 1 jungen Kokosnuss (Pagode)
2 Handvoll Erdmandeln, 2 Tage eingeweicht

im Herbst: frische Brombeeren nach Belieben

Brombeerblätter in einzelne Fiederblättchen zerteilen und jedes von der stacheligen Mittelrippe befreien. Die Orange schälen und die groben weißen Fasern aus der Mitte sowie eventuell vorhandene Kerne entfernen. Alle Zutaten (bis auf die Brombeeren) mit dem Pürierstab grob pürieren, sodass das Müsli noch ordentlich Biss hat. Dann, sofern vorhanden, die Brombeeren dazu geben.

Dost, Oregano, Wilder Majoran

Origanum vulgare – Lippenblütler

Wo finden? Auch wenn er etwas italienisch anmutet, ist der Dost eine bei uns heimische Pflanze. Er bevorzugt warme Plätze, etwa an wärmespeichernden Mauern, Waldrändern oder Südhängen, kalkhaltige Böden, braucht nur wenig Nährstoffe und kommt auch in trockenen Lagen gut zurecht.

Wie erkennen?

> sommergrüne Staude, 20 – 60 cm hoch
> der vierkantige Stängel ist ein typisches Merkmal für Lippenblütler, beim Wilden Majoran ist es zum Teil nur schwach ausgeprägt
> kleine eiförmige Blätter, 2 – 4 cm lang, einzeln am Stängel kreuzgegenständig angeordnet, das heißt, jeweils 2 Blätter stehen sich gegenüber und das nächste Blattpaar darüber steht im rechten Winkel dazu, also um 90 Grad versetzt
> ab Juli kleine, etwa 5 – 7 mm lange Lippenblüten, die aus jeweils 5 miteinander verwachsenen Kelch- und Kronblättern bestehen
> die rosafarbenen Kronblätter bilden an der Basis eine Röhre, die sich zur Spitze hin in Ober- und Unterlippe aufteilt
> Blüten dicht gedrängt und nahezu kugelig gehäuft am Ende der Triebe und Seitentriebe

Zartrosa Lippenblüten mit Geschmack.

Wie ernten? Schneiden Sie beim Dost einfach die ganzen Stängel und streifen Sie Blätter und Blüten davon ab. Sie können auch nur den noch weichen Teil der jungen Triebe abknipsen, dann verzweigt sich der Haupttrieb nochmals. Die wertvollen ätherischen Öle bleiben großteils beim Trocknen erhalten, sodass Sie auch einen Wintervorrat anlegen können. Wenn Sie die Stängel kopfüber aufhängen, sind sie in wenigen Tagen getrocknet.

Wie schmeckt's? Aromatische Geschmacksnoten erinnern an den Echten Majoran (*Origanum majorana*), der von einer italienischen Pizza nicht wegzudenken ist, aber wärmere Gefilde bevorzugt. Verantwortlich für den Geschmack sind ätherische Öle, die in Blättern und besonders den Blüten zu finden sind.

Schmeckt wie Urlaub am Meer: Spaghetti-Duo mediterran.

Mediterraner Genuss

Blätter und Blüten verleihen pikanten Gerichten eine mediterrane Note. Die im ätherischen Öl enthaltenen Phenole (etwa das Thymol) wirken zudem gegen Bakterien; bei Husten gegessen löst sich dieser leichter.

Traditionell wird Dost zur Erleichterung der Verdauung verwendet. Mit dieser haben Rohköstler in der Regel kein Problem, aber vielleicht nutzen Sie die Unterstützung, wenn Sie einmal zu viel oder viel Verschiedenes durcheinander genascht haben.

Ich verwende den Dost, von dem es übrigens geschmacklich interessante verwandte Arten und Sorten im Kräuter- und Staudensortiment gibt, gerne zum Würzen von Patés und Aufstrichen, Gemüsechips oder in Kombination mit Tomaten.

Spaghetti-Duo mediterran

50 g Meeresspaghetti (Riementang, *Himanthalia elongata*), getrocknet
1 mittelgroße Zucchini
1 EL Zitronensaft

für die Soße:
8 getrocknete Tomatenhälften
6 Datteln 'Deglet Nour', entsteint
6 EL Pinienkerne
4 reife aromatische Tomaten
2 Handvoll junge Dosttriebe
2 Frühlingszwiebeln ohne Grün
1 kleine Knoblauchzehe
1 EL Zitronensaft
2 cm von einer Peperoni (je nach Schärfewunsch anzupassen)

nach Geschmack Meersalz und schwarzer Pfeffer

Die Tomatenhälften und die Datteln 1–2 Stunden einweichen, dann abtropfen lassen. Die Meeresspaghetti mindestens 1 Stunde wässern (so lange bis ihre Konsistenz nudelartig ist), danach auswaschen. Die Zucchini mit einem Spiralschneider oder einem Julienneschneider in Spaghettiform bringen, mit Zitronensaft beträufeln und zusammen mit den Meeresspaghetti aufdrehen und auf Tellern anrichten.
Junge Dosttriebe direkt verwenden, sind sie schon älter und der Stängel härter, dann verwenden Sie nur die Blätter und gegebenenfalls auch die Blüten. Den Dost mit den restlichen Zutaten zu einer Soße pürieren und diese über die Spaghetti geben.

Für Kinder und Erwachsene

Wer es kräftiger gewürzt mag, der streut zusätzlich klein gehackte Dostblätter oder -blüten über die Soße. Wenn Kinder mitessen, können Sie darauf und auf Knoblauch und Peperoni verzichten.

Esskastanie, Edelkastanie

Castanea sativa – Buchengewächse

Wo finden? Die Esskastanie mag es warm und ist daher bei uns nicht ursprünglich heimisch. Sie kam aber schon mit den Römern über die Alpen und gilt deshalb als alteingebürgerter Archäophyt. Esskastanienwälder finden sich nur in Gebieten mit mildem Klima, am besten Weinbauklima, gern an sonnigen Südhängen. Die lichthungrigen Bäume bevorzugen humose, kalkarme Böden.

Wie erkennen?

- sommergrüne Bäume, niedrig verzweigt, bis 30 m hoch
- Blätter länglich, zugespitzt bis 25 cm lang und 8 cm breit, derb und dornig gezähnt, oberseits glänzend grün, unterseits heller
- Früchte: glänzendbraune Nüsse (Maronen), von einem stark bestachelten Fruchtbecher umgeben

Wie ernten? Sammeln Sie die Esskastanien möglichst bald nachdem sie vom Baum gefallen sind, sonst nisten sich Schädlinge ein und Sie können die Nüsse dann schlecht lagern. Vorsicht, die Fruchtbecher sind sehr stachelig, Handschuhe sind daher hilfreich. Essbar ist nur der Nusskern, die feste Samenschale müssen Sie mithilfe eines Messers ablösen. Die gerbstoffhaltige, etwas haarige, hellbraune Samenhaut um den beigefarbenen Kern können Sie mitessen, Sie können sie aber auch entfernen, wenn Sie sie nicht mögen. Leichter geht das Ablösen, wenn Sie die Kerne einweichen.

Wie schmeckt's? Anfangs schmecken die Nüsse eher frisch knackig und adstringierend. Durch den Abbau der Gerbstoffe (Tannine) beim Lagern schmecken die Maronen nach einigen Tagen angenehm mehlig süß.

Starke Früchtchen

Esskastanien oder Maronen waren vor der Kartoffel aufgrund ihres Stärkegehaltes ein wichtiges Grundnahrungsmittel im südlichen Europa und erleben in vielen Gegenden dort heute wieder eine Renaissance. Maronen weisen einen niedrigen Fettgehalt auf und sind reich an Mineralien, B-Vitaminen und Vitamin E. Wer in seiner Umgebung keine Esskastanienbäume hat, der kann die Früchte im gut sortierten Obst- und Gemüsehandel kaufen, bevorzugen Sie Bioware. Es gibt auch fertiges Esskastanienmehl in Rohkostqualität zu kaufen, das für Süßspeisen und Suppen oder auch für Brote und Cracker verwendet werden kann.

Blätter mit deutlicher Kontur – das Erkennungszeichen der Esskastanie.

Deko, die schmeckt

Die Knoblauchlilie (*Tulbaghia violacea*) ist ein Lauchgewächs aus Südafrika, das bei uns als schmucke Kübelpflanze immer beliebter wird. Die Blüten eignen sich gut zum Dekorieren und bieten gleichzeitig leckeren Knoblauchgeschmack.

Aromatisch gefüllt: Scharfe Maronen-Champignons.

Scharfe Maronen-Champignons

8 braune Stein-Champignons, mittelgroß

für die Marinade:
3 EL Zitronensaft
1 TL Zesten von der Zitronenschale
2 TL Öl
4 Zweige frischer Thymian

für die Füllung:
50 g frische Maronen
3 Zweige vom Dost
2 Minzblätter
5 Blätter Basilikum
1 EL Hanfsamen, geschält
1 EL Sonnenblumenkerne
½ Spitzpaprika, rot
1 Tomate
2 Blätter von der Knoblauchlilie
½ kleine Knoblauchzehe
2 cm mild scharfe Peperoni
zur Deko einige Blüten von der Knoblauchlilie

nach Geschmack Meersalz und schwarzer Pfeffer

Die Champignons nur abwischen und den Stiel entfernen. Die Marinade aus den Zutaten zusammenrühren. Dann die Köpfe in der Marinade schwenken und etwas darin ziehen lassen. Die Maronen schälen. Die Blätter der Kräuter abzupfen und mit den anderen Zutaten für die Füllung pürieren. Die Masse in einen Spritzbeutel füllen und die Champignonköpfe damit füllen. Anrichten auf einem Teller, mit der restlichen Marinade beträufeln und mit den Blüten dekorieren.

Felsenbirne

Amelanchier ovalis – Rosengewächse

Wo finden? Auf die kleinen Sträucher der Felsenbirnen treffen Sie häufiger in Gärten und Parks als in der Natur, obwohl die Gewöhnliche Felsenbirne bei uns beheimatet ist. Ihr angestammtes Umfeld sind aber Gebüsche in gebirgigen Lagen, felsige Eichen- oder Kiefernwälder oder sonnige, trockene Südhänge, wo sie ihre Wurzeln in kalkhaltiges Gestein ausbreiten kann.

Wie erkennen?

> kleiner, sommergrüner Strauch, bis 4 m hoch, mit lockerem Wuchs

> weiße Blüten vor dem Austrieb der Blätter, mit 5 länglichen Kronblättern im April und Mai, am Ende der Triebe gehäuft

> Blätter oval, etwa 4 cm lang und 2 – 3 cm breit, am Rand fein gesägt bis gezähnt, mit typisch orange roter Herbstfärbung

> kugelige Früchte, an der Spitze mit Kelchblättern, je nach Reifestadium erst rot dann violett bis dunkelblau, Ø etwa 1 cm

Wie ernten? Geerntet werden die Früchte schon zeitig im Jahr, als eine der ersten Wildfrüchte sind sie schon ab Juni reif. Es gibt zahlreiche gezüchtete Sorten und verwandte Arten, wie etwa die Kupfer-Felsenbirne, *A. lamarckii*, deren kleine „Äpfelchen" (keltisch „Amelanche") ebenfalls genutzt werden können. Prägen Sie sich die Standorte der Sträucher anhand der leuchtenden Blattfärbung im Herbst gut ein.

Wie schmeckt's? Die Früchte der Felsenbirne schmecken tatsächlich leicht nach Birne, insgesamt aber etwas wilder, fruchtiger und konzentrierter.

Kugeliger Fruchtgenuss

Verwendet werden üblicherweise nur die Früchte der Felsenbirne. Sie enthalten viel Vitamin C, Mineralstoffe und Spurenelemente, sind aber hinsichtlich ihrer gesundheitlichen Wirkung noch wenig untersucht. Ihre rotblaue Farbe verdanken sie Anthocyanen. Dass sie viele Pektine (Seite 95) erhalten, merken Sie beim Verarbeiten: Mus oder Fruchtmark geliert sofort. Immer wieder ist zu lesen, dass die Samen der Felsenbirnen Blausäure freisetzende Verbindungen enthalten. Das tun Apfelsamen auch. Über leichte oder gar schwere Vergiftungen liest man in beiden Fällen jedoch nichts. Sie müssten die Kerne schon intensiv und in großer Zahl zerkauen, was aber beim normalen Verzehr nicht der Fall ist.

Kugelige „Äpfelchen" in rot und blau – die Früchte der Felsenbirnen.

Ich esse die Früchtchen am liebsten von der Hand in den Mund, mische sie in Obstsalate und verwende sie für Desserts. Lässt man sie am Strauch hängen, trocknen sie ein, können aber auch so noch verwendet werden.

Exotisch und heimisch: Kokosjoghurt mit Felsenbirnen.

Creme statt Joghurt

Wer keinen Joghurt machen möchte, verwendet einfach dieselben Grundzutaten, nimmt aber statt Joghurtstarterkulturen einige Löffel Chia-Samen zum Andicken und kann so ganz schnell eine Kokoscreme machen.

Kokosjoghurt mit Felsenbirnen

200 g Kokosnussfruchtfleisch
Kokoswasser nach Bedarf
Mark aus ¼ Vanilleschote
2 Datteln der Sorte 'Deglet Nour'
Joghurtstarterkultur aus *Streptococcus thermophilus* und *Lactobacillus bulgaricus* (vegan)
2 Handvoll reife Felsenbirnen
2 EL Wasser

Das Kokosfleisch mit den entsteinten Datteln und dem Vanillemark im Mixer pürieren. Dabei soviel vom Kokoswasser zugeben, dass die Konsistenz dickflüssig cremig ist.
Die Joghurtstarterkultur in der angegebenen Menge dazugeben und alles für 8 – 14 Stunden (je nachdem, wie sauer Sie Ihren Joghurt mögen) in einem mit einem Tuch abgedeckten Glas oder einer Schüssel an einem warmen Ort stehen lassen. Ich stelle den Joghurt gerne auf die lauwarme Heizung. Wichtig ist dabei, dass die Temperatur unter 40 °C bleibt.
Gläser zu 2/3 mit dem fertig gesäuerten Joghurt füllen und kühl stellen, bis dieser fest wird (sichtbar daran, dass sich Poren bilden oder sich etwas Flüssigkeit am Boden absetzt). Das dauert nur wenige Stunden.
Die Felsenbirnen zusammen mit dem Wasser mithilfe einer Gabel zerdrücken und dann durch ein feines Sieb passieren, einige zur Dekoration zurückbehalten. Das Fruchtmark auf den Joghurt geben und mit den Beeren dekorieren.
Sollten Sie keine frische Kokosnuss zur Verfügung haben, können Sie als Ausgangsbasis auch Kokosflocken und Wasser ungefähr im Verhältnis 1:2 fein pürieren.

Fichte

Picea abies – Kieferngewächse

Wo finden? Die Fichte ist die häufigste Baumart in Deutschland, was daran liegt, dass sie hier über Jahrzehnte gezielt aufgeforstet wurde. Natürlich verbreitet ist sie auf den frischen Böden der Bergfichtenwälder. In Mischwäldern und Fichtenforsten ist sie fast überall zu finden.

Wie erkennen?

> immergrüner Nadelbaum, bis 60 m hoch, mit rötlich brauner, schuppiger Rinde
> Nadeln spitz, dunkelgrün, 1–2 cm lang und 1 mm Ø, im Querschnitt vierkantig, rund um den Zweig angeordnet bis auf einen schmalen Scheitel an der Zweigunterseite, kurz und braun gestielt, beim Abfallen bleibt der Blattgrund am Zweig haften
> männliche Blüten klein, etwa 1 cm, rot bis braun, meist an den Spitzen der Zweige, an derselben Pflanze wie die weiblichen Blüten (einhäusig)
> weibliche Blüten in rötlichen aufrechten, im Reifestadium braunen, hängenden Zapfen, darin die geflügelten Samen
> die 10–15 cm langen Zapfen werden im Ganzen abgeworfen (Unterscheidungsmerkmal zur Tanne, deren Zapfen aufrecht sind und deren Zapfenspindel am Zweig stehen bleibt, nur die Samenschuppen fallen ab)

Wie ernten? Geerntet werden die im Mai erscheinenden, leuchtend grünen Austriebsspitzen aus jungen Nadeln. Wer mag, kann im Herbst auch die kleinen Samen aus den Zapfen schütteln und essen. Wenn Sie nicht von alleine ausfallen, die Zapfen in die Wärme legen.

Wie schmeckt's? Die jungen Triebspitzen schmecken frisch säuerlich, leicht zitronig und mild nach Fichtenharz.

Vitaminreiche Waldaromen

Klassischerweise werden die Fichtennadelspitzen zu Sirup eingekocht oder in Honig eingelegt, beides kommt für vegane Rohköstler nicht infrage. Wer Agavensirup verwendet, kann die Nadeln darin einlegen.

Ich esse sie sehr gerne pur, bei Frühjahrswanderungen sind sie mir ein willkommener erfrischender Snack. Außerdem benutze ich sie als Gewürz für verschiedene Gemüsegerichte und sogar zusammen mit Obst.

Ihr hoher Gehalt an Vitamin C stabilisiert das Immunsystem und die enthaltenen ätherischen Öle helfen, Husten zu lösen oder gar zu vermeiden. Volksmedizinisch wurden Fichtennadeln wegen ihrer blutreinigenden Wirkung eingesetzt. Außerdem in den jungen Trieben enthalten: Gerbstoffe zum Schutz vor Schädlingen.

Zitronig – frisch: Banane mit fruchtiger Fichte.

Banane mit fruchtiger Fichte

4 Apfel-Bananen oder 2 kleine normale Bananen
250 g Erdbeeren
1 EL Rosinen
1 EL Limettensaft
½ Handvoll junge Fichtentriebe

Die Bananen schälen und der Länge nach halbieren. Die Erdbeeren entstielen und die Hälfte zusammen mit den Rosinen und dem Limettensaft pürieren. Die Soße über die Bananenhälften geben. Die restlichen Erdbeeren vierteln und die Bananen damit dekorieren. Die Fichtentriebe in einzelne Nadeln zupfen und darüberstreuen.

Gänseblümchen

Bellis perennis – Korbblütler

Wo finden? Vor allem auf Kräuterrasen und niedrigen Wiesen treffen Sie das Gänseblümchen an.

Wie erkennen?

> immergrüne Staude, 3 – 15 cm hoch
> Blätter als Rosette angeordnet, einzelnes Blatt spatelförmig stumpf, etwa 4 cm lang und am Rand mehr oder weniger gekerbt
> Blütenstände auf langen Stielen, Ø 1,5 – 2,5 cm mit weißen, unterseits meist rötlichen Zungenblüten und gelben Röhrenblüten in der Mitte, fast ganzjährig zu finden, Hauptblüte im April

Wie ernten? Während der Blütezeit sind hauptsächlich die Knospen und Blüten interessant. Von Herbst bis ins Frühjahr sind die Blätter gut zu verwenden, weil sie dann größer und im Vergleich zu anderen Pflanzen, die dem Frost erliegen, häufig zu finden sind. In milden Wintern oder von einer Schneedecke geschützt bleiben Gänseblümchen auch im Winter grün und blühen sogar manchmal.

Wie schmeckt's? Gänseblümchen schmecken leicht salatartig, hinterlassen aber wegen der darin enthaltenen Saponine ein etwas kratzig raues Gefühl im Mund, welches ich als unangenehm empfinde, manch anderem aber nicht einmal auffällt.

Blatt und Blüte

Gänseblümchenblüten sind immer angesagt, wenn es um die Verwendung von Wildpflanzen geht. In jedem Buch finden Sie dazu Rezepte, wie beispielsweise den klassischen Gänseblümchensalat, der mir aber nicht schmeckt. Ich verwende Gänseblümchen vor allem als hübsche Dekoration bei vielen Gelegenheiten: im Salat, zu Suppen, Desserts und Kuchen. Auch die Blätter verwende ich in Mischungen, so kann ich die gesundheitsförderlichen Stoffe, Vitamin A und C, Eisen, Gerb-, Bitter- und Schleimstoffe, ätherische Öle und andere mehr auch von dieser Wildpflanze nutzen. Beispiele für die Verwendung finden Sie auf Seite 71 und Seite 101.

Zarte Blümchen, die manchmal auch dem Winter trotzen.

Grünes Blut

Der wichtigste Farbstoff der grünen Pflanzen ist das Chlorophyll. Chlorophylle absorbieren das Licht und liefern so Energie für die Photosynthese. Die Moleküle ähneln sehr dem Hämoglobin, unserem roten Blutfarbstoff und Sauerstoffträger. Anstelle von Eisen wie beim Hämoglobin ist das Zentralatom des Chlorophylls Magnesium. Keine Sorge also um die Magnesiumversorgung, mit grünen Pflanzen sind Sie auf der sicheren Seite.

Gänse-Fingerkraut

Potentilla anserina – Rosengewächse

Blutwurz (*Potentilla erecta*), Aufrechtes Fingerkraut (*Potentilla recta*) und Kriechendes Fingerkraut (*Potentilla reptans*) können ebenso verwendet werden.

Wo finden? Stickstoffreiche, lehmige, auch steinige Böden, die auch verdichtet sein dürfen, sind Standorte des Gänse-Fingerkrauts. Die trittfeste und salzresistente Pflanze wächst gerne an Wegrändern, auf Äckern und Wiesen, auch in feuchten Lagen.

Wie erkennen?

> ausdauernde Staude, 10 – 20 cm hoch
> Blätter als Rosette angeordnet, silbrig grün, bei Trockenheit graue Blattfarbe
> Blätter bis etwa 12 cm lang, unpaarig gefiedert mit meist 15 – 25 am Rand gezähnten Fiederblättern, dazwischen viel kleinere Fiederblättchen, oberseits wenig, unterseits silbrig behaart (andere Fingerkräuter haben handförmig geteilte Blätter und werden damit eher dem Namen der Gattung gerecht)
> lang gestielte, gelbe Einzelblüten, auch an den Knoten rötlicher Ausläufer, 1,5 – 2 cm Ø, mit 5 leuchtend gelben Kronblättern

Gut zu erkennen am silbrig-glänzenden Blatt – das Gänse-Fingerkraut.

Wie ernten? Blätter der heimischen Fingerkräuter finden Sie von Frühjahr bis Winter. Von Mai bis August können die Blüten geerntet werden. Die Wurzeln können Sie vom Herbst bis ins Frühjahr nutzen, wenn die Pflanze dort ihre Kraft speichert.

Wie schmeckt's? Fingerkräuter schmecken leicht adstringierend, in etwa so wie Brombeer- oder Erdbeerblätter, verursacht durch Gerbstoffe, die typisch für Vertreter aus der Familie der Rosengewächse sind. Daneben haben sie keinen besonderen Geschmack, sondern schmecken mild salatartig und nur leicht säuerlich. Die Wurzeln erinnern geschmacklich an Topinambur.

Unauffällig aber hilfreich

Gerbstoffe helfen nicht nur dem Zahnfleisch, sondern auch gegen Durchfall und bei Bauch- und Unterleibsbeschwerden. So ist das Gänse-Fingerkraut auch als Heilpflanze traditionell bekannt. Bitterstoffe, Schleimstoffe und die Flavonoide mit ihrer Wirkung gegen Bakterien, Viren und Pilze sind nur drei weitere Gruppen der vielen wertvollen Inhaltsstoffe, welche schon Kelten und Germanen genutzt haben. Ich verwende das Gänse-Fingerkraut gerne in Kräutermischungen. Da es wenig Eigengeschmack hat, kann es für viele Gerichte genutzt werden. Wenn diese ohnehin gut gekaut werden müssen, fällt auch seine feste Konsistenz kaum auf. Die Blüten eignen sich als essbare Deko. Die Wurzeln können geraspelt zu Gerichten gegeben werden.

Inkareis mit Gänse-Fingerkraut

200 g frische Quinoa-Keimlinge oder 150 g getrocknete
1 rote Paprika
2 Tomaten
15 – 20 junge Blätter vom Gänse-Fingerkraut
½ Bund Schnittlauch
5 junge Liebstöckelblätter
10 Oliven aus Nyons, entsteint
10 Pecannusskerne
1 Msp. schwarzer Pfeffer

nach Geschmack Meersalz, 2 EL Öl oder Fruchtfleisch von ½ Avocado gewürfelt, 1 cm Chilischote

Falls Sie getrocknete Quinoa-Keimlinge nehmen, lassen Sie diese über Nacht noch einmal quellen und danach abtropfen. Paprika und Tomaten putzen und in kleine Würfel schneiden. Von den Gänse-Fingerkrautblättern die einzelnen Fiederblättchen abzupfen. Schnittlauch und Liebstöckel klein schneiden. Die Oliven und die Nüsse mit einem großen Messer oder Wiegemesser in kleine Stücke schneiden. Alle Zutaten miteinander vermischen und nach Geschmack würzen oder ergänzen.

Was zum Beißen: Inkareis mit Gänse-Fingerkraut.

Schnelle Keimlinge

Quinoa-Keimlinge können Sie auch schon fertig gekeimt und wieder getrocknet kaufen. Das gilt auch für Linsen-, Sonnenblumenkern-, Amaranth-, Braunhirse-, Sesam- und Buchweizenkeimlinge, und einige andere mehr.

Giersch

Aegopodium podagraria – Doldenblütler

Wo finden? Der Giersch ist der Feind aller Gärtner und doch ist er nicht überall zu finden. Suchen Sie ihn an Wegrändern und Säumen im Halbschatten oder im lichten Gebüsch, wo die Erde leicht feucht, nährstoffreich und bevorzugt lehmig ist.

Bevorzugen Sie die jungen, glänzenden Blätter – sie schmecken am besten.

Wie erkennen?

> 30 – 90 cm hohe Ausläufer bildende Staude, teilimmergrün
> Stängel rund, kantig gefurcht und hohl, ohne Haare oder Flecken
> Blattstiele dreikantig, im Querschnitt dreieckig
> Blätter doppelt dreizählig gefiedert, das Blatt teilt sich also in drei Blättchen, die sich wiederum in drei Teile aufspalten (manchmal ist jedoch die zweite Teilung nicht ganz vollzogen)
> Teilblätter eiförmig bis länglich, zugespitzt, 3 – 10 cm lang und 1 – 4 cm breit, am Rand scharf gesägt
> Blüten zu vielen in Doppeldolden mit 12 – 20 Döldchen (Einzelblüte weiß, etwa 3 mm Ø, von Juni bis Juli, am Ursprung der Dolde und der Döldchen keine grünen Blättchen (ohne Hüll- bzw. Hüllchenblätter)
> typische Doldenblütlersamen, 3 – 4 mm lang, erinnern an Kümmel- oder Fenchelsamen, ab Juli

Wie ernten? Blätter, Blüten und auch Samen können verwendet werden, vorwiegend werden jedoch die Blätter genutzt. Wer eine mit Giersch bewachsene Fläche sein Eigen nennt, sollte diese von Zeit zu Zeit abmähen, um fast ganzjährig junge Blätter ernten zu können.

Wie schmeckt's? Der Geschmack des Gierschs ist ein typischer Doldenblütlergeschmack und erinnert an seine Verwandten Karotte, Petersilie und Sellerie mit einer etwas harzigen Note. Die jungen Blätter, die mitsamt dem Stiel verspeist werden können, schmecken saftig, leicht süßlich und intensiv. Je älter die Blätter werden, umso stumpfer wird ihr Geschmack bis sie fast etwas muffig und staubig schmecken. Die Samen haben einen stark aromatisch harzigen Geschmack und können als Gewürz etwa anstelle von Anis oder Fenchel verwendet werden.

Rohköstlerfreund Nr. 1

Der Giersch ist einer der wichtigsten Bestandteile der Rohkosternährung. Im zeitigen Frühjahr schon zu finden, bringt er erst einmal den Stoffwechsel richtig in Schwung. Seine entwässernde Wirkung hat schon vielen Menschen die Bedeutung der Wildpflanzen bewusst gemacht. Er verschafft Gicht- und Rheumageplagten und denjenigen, die unter Stoffwechselkrankheiten leiden, schnelle Erleichterung. Daher ist er ein perfektes Wildkraut für Rohkostanfänger, die sich von der Rohkost mit Wildpflanzen Erleichterung ihrer Beschwerden erhoffen.
Phytotherapeuten empfehlen ihn allgemein zur „Entgiftung“, dem reinigend und erleichternd wirkenden Prozess, der auch am Anfang einer Umstellung auf eine rohköstliche Ernährungsweise stattfindet. Neben wertvollen Mineralstoffen enthält Giersch viel Vitamin A und C, zahlreiche ätherische Öle und Harze, Flavonoide und Phenolsäuren. Mit 100 g Giersch alleine ließe sich der Tagesbedarf an Vitamin C decken.
Der Giersch ist im Grunde viel zu schade, um ihn zu verarbeiten, obwohl er sich bestens für die Verwendung in Gemüsegerichten, Suppen und als Bestandteil von Kräutermischungen eignet. Wer mag, kann aus Giersch auch Saft pressen oder ihn zu Pesto verarbeiten.
Meine persönliche Lieblingsvariante des Gierschverzehrs ist die Kombination mit Durian (Seite 68).

Gierschpicknick

Machen Sie doch einmal ein Gierschpicknick: Suchen Sie sich ein nettes Plätzchen, an dem viel Giersch wächst, nehmen Sie sich ein paar Früchte – Bananen und Erdbeeren beispielsweise – mit und genießen Sie vor Ort von der Hand in den Mund. So können Sie ohne Aufwand eine reichhaltige und nahrhafte Mittagspause einlegen, die alle Sinne befriedigt und obendrein satt macht.

Mediterrane Gierschtarte

für den Boden:
5 getrocknete Aprikosen
5 EL gelber Leinsamen
200 g Macadamia-Nüsse
½ TL gemahlener Kreuzkümmel
½ TL gemahlene Gelbwurzel
etwas gemahlener Pfeffer
1 EL Kokosöl und 2 EL gelber Leinsamen zum Auskleiden der Form

für den Belag:
15 g weißes Irish Moss (Knorpeltang, *Condrus crispus*)
30 Kapern, in Salz trocken eingelegt
2 EL Pinienkerne
300 g Kirschtomaten
etwas schwarzen Pfeffer
3 Avocados der Sorte 'Hass'
5 Handvoll junger Gierschblätter
Saft von einer halben Zitrone
1 Handvoll Knoblauchsraukenblätter oder ½ Knoblauchzehe
Wasser nach Bedarf
13 Oliven

nach Geschmack zu Boden und Belag:
Meersalz

Würzig-cremig: Mediterrane Gierschtarte.

Die Aprikosen über Nacht und das Irish Moss für 2–3 Stunden einweichen. Die Kapern kurz einweichen und das Salz ausspülen. Aus Aprikosen, Leinsamen, Macadamias und Gewürzen im Mixer oder mit dem Zerkleinerer einen groben Teig zubereiten. Bei Bedarf etwas vom Einweichwasser zugeben. Eine Springform (22–26 cm Durchmesser) mit dem Kokosöl einfetten und mit dem Leinsamen auskleiden. Den Teig in die Form geben und auf Boden und halber Randhöhe mit den Fingern gleichmäßig festdrücken. Den Boden 3–4 Stunden im Backofen bei unter 40 °C und einen Spalt breit geöffneter Tür trocknen lassen.

Die Pinienkerne klein hacken und darüber streuen. Die Kirschtomaten in Hälften schneiden und mit der Schnittfläche nach unten auf den Boden legen. Etwas Pfeffer darüber mahlen.

Das Fruchtfleisch der Avocados, das abgetropfte und gut ausgewaschene Irish Moss und die Gierschblätter mit Zitronensaft und Knoblauchsrauke oder Knoblauch fein pürieren. Wer kein Irish Moss zu Hause hat, kann es auch weglassen, und stattdessen eine Avocado mehr verwenden. Bei Bedarf Wasser zugeben, sodass die Masse sich gut verarbeiten lässt, aber nicht zu flüssig wird. Die Masse über den Tomatenbelag geben. Die Oliven halbieren und entkernen und die Tarte damit verzieren.

Giersch an Durian

1 ganze, gut ausgereifte Durian
1 Schüssel voll frisch gepflückten jungen Gierschblättern (mindestens 8 Handvoll)

Ein ganze Frucht reicht mindestens für 4 Personen. Schneiden Sie die Frucht auf und lösen Sie die Segmente aus der Schale. Gierschblätter und Durian zusammen essen. (Bild Seite 31)

Es kann sein, dass es Ihnen ergeht wie mir und Sie beim ersten Verkosten davonlaufen könnten. Keine Sorge, vom zweiten Mal an werden Sie Durian lieben. Vertrauen Sie auf die Lernfähigkeit Ihrer Geschmacksknospen und Ihres Verdauungssystems, die dafür sorgen,

e-
ur
-
ent-

Topinambur für die Darmflora

Topinambur enthält in großen Mengen Inulin, was nachweislich den Aufbau einer gesunden Darmflora unterstützt.

Köstlicher Saft mit Giersch: Süß-und-Stark.

Gundermann, Gundelrebe

Glechoma hederacea – Lippenblütler

Wo finden? In fast jedem ungepflegten Rasen, unter jeder Parkbank, im Gebüsch und in Mauerritzen können Sie auf den Gundermann treffen. Er schlängelt sich bevorzugt auf frischen bis nassen, nährstoffreichen Böden entlang.

Wie erkennen?

> immergrüne 10 – 40 cm hohe Staude mit meterlangen oberirdischen Ausläufern
> Stängel vierkantig, Pflanze fast kahl bis dicht behaart, wenn am Boden oder Mauern entlang kriechend, verankert er sich mit Wurzeln, die an jedem Blattpaar entspringen können
> Blätter gestielt, kreuzgegenständig angeordnet, nieren- bis herzförmig, an den Rändern gleichmäßig grob gekerbt, je nach Jahreszeit und Standort unterschiedlich groß, Ø 0,5 – 4 cm, teilweise auch größer
> Blütentriebe aufrecht, pro Blattpaar entspringen aus den Blattachseln 2 – 5 Blüten, die rings um den Stiel angeordnet sind, hauptsächlich von April bis Juni
> Lippenblüten mit 1 – 2 cm langer blauvioletter Krone (Bild Seite 19)

Wie ernten? Das Gundermannkraut kann ganzjährig gesammelt werden, die Blüten von Frühjahr bis Sommerbeginn.

Essbare Verwechslungen

Wegen seiner Blütenfarbe wird der Gundermann manchmal mit dem Kriechenden Günsel, *Ajuga reptans*, oder mit der Kleinen Braunelle, *Prunella vulgaris*, verwechselt. Keine Sorge, auch diese beiden Pflanzenarten sind essbar.

Wie schmeckt's? Der Geschmack des Gundermanns ist aufgrund der vielen verschiedenen Inhaltsstoffe eigen, würzig krautig, etwas bitter, harzig aromatisch. Nicht jeder mag ihn, aber viele lieben ihn. Die Blüten schmecken mild und etwas süßlich.

Reich an Inhaltstoffen und wirksam

Der Gundermann enthält jede Menge verschiedener Inhaltsstoffe, wie ätherische Öle, zellschützende Flavonoide und Gerbstoffe, etwa die Rosmarinsäure, die gegen Bakterien, Viren und Entzündungen wirkt, außerdem verdauungsunterstützende Bitterstoffe, schleimlösende Saponine, spezielle Proteine, Mineralstoffe, Vitamin C etc. Angesichts dieser Vielfalt wird verständlich, dass die Pflanze in der Volksmedizin seit alters her bei allen möglichen Krankheiten und Zipperlein verwendet wurde. Die Inhaltsstoffe schützen gleichermaßen und so ist Gundermann auch eine der wichtigsten gesunderhaltenden Pflanzen.

Viel muss es nicht sein vom Gundermann, denn wie gesagt: der Geschmack ist etwas eigen, aber in Kräutermischungen, als Gewürz zu Süßem und Deftigem gehört er immer dazu. Ich liebe diesen Geschmack und lasse keine Gelegenheit aus, ihn zu essen. Er trocknet sehr schnell und einige der Inhaltsstoffe bleiben dabei noch erhalten, daher lohnt es sich, einen Wintervorrat anzulegen. Noch besser kann er in Öl eingelegt werden.

Zweierlei Gundermann-Schoggi

für die dunkle Herbe:
3 Handvoll Gundermannblätter und -blüten
70 g Kakaoliquor
25 g Kokosöl
2 El Goji-Beeren
1 EL Kakaonibs
2 EL Sonnenblumenkerne
3 EL Mesquite-Pulver

für die helle Süße:
3 Handvoll Gundermannblätter und -blüten
Zungenblüten von 25 Gänseblümchen und 15 Löwenzahnblüten
3 EL Lucuma-Pulver
2 EL weiße Maulbeeren, getrocknet
80 g Kakobutter
20 g Kokosöl

Für die dunkle Variante die Blätter und Blüten trocknen bis sie sich gut zerrebeln lassen – nicht länger, das dauert im Backofen bei 40 °C nur eine gute Stunde, in der Sonne kann's noch schneller gehen. Kakaoliquor und Kokosöl an einem warmen Ort, etwa auf der Heizung, im Backofen oder im lauwarmen Wasserbad bei Temperaturen unter 40 °C schmelzen lassen und gut zu einer einheitlichen Masse verrühren. Gojibeeren und Kakaonibs mit den Sonnenblumenkernen vermengen und alles klein hacken, die zerrebelten Blätter und Blüten und das Mesquite-Pulver dazugeben und alles gut vermischen. Dann die Kräuter-Kern-Beerenmischung gleichmäßig unter die Schokoladenmischung rühren. Die Masse in Schokoladenförmchen aus Silikon füllen und für mindestens 1 Stunde im Kühlschrank abkühlen lassen bis sie fest ist.

Die helle Variante nach demselben Prinzip zubereiten: Blätter und Blüten trocknen, zerrebeln, mit dem Lucuma-Pulver und den klein gehackten Maulbeeren vermischen und dann mit der Mischung aus geschmolzener Kakaobutter und Kokosöl vermengen.

Süß und schmelzend: Zweierlei Gundermann-Schoggi.

Hasel

Corylus avellana – Birkengewächse

Wo finden? Auf Haselsträucher treffen Sie in lichten Laub- und Mischwäldern, sie bilden Hecken und Gebüsche und bevorzugen nährstoffreiche Böden. In Gärten, Parks und öffentlichem Grün werden sie häufig gepflanzt.

Wie erkennen?
> sommergrüner, vielstämmiger Strauch, bis 6 m hoch
> Blätter beidseitig weich behaart, durchschnittlich etwa 10 cm lang und 8 cm breit, rundlich bis verkehrt eiförmig, am Rand doppelt gesägt (mit großen und kleinen Sägezähnen)
> männliche Blüten in langen Blütenkätzchen (bis 10 cm) zwischen Februar und April, weibliche Blüten unscheinbar
> Nüsse zu 1–4 an den Zweigen

Haselnüsse – noch sind sie nicht reif.

Wie ernten? Männliche Blütenstände im Frühjahr pflücken, die reifen Nüsse im Herbst unterm Strauch aufsammeln und knacken.

Wie schmeckt's? Die Blätter empfehlen sich nicht zum rohen Verzehr, sie schmecken nur stumpf bitter. Die Blütenkätzchen sind mehlig süßlich und etwas bitter. Der Geschmack der Nüsse ist typisch haselnussartig.

Knackig, nussig, lecker

Wie man Haselnüsse verwenden kann, ist wahrscheinlich den meisten bekannt. Es lohnt sich, auch die Nussmilch zu probieren, hier kommt der typische Haselnussgeschmack gut zur Geltung. Weichen Sie die Nüsse vorher ein, das macht sie leichter verdaulich. Haselnüsse enthalten rund 60 % Fett und 12 % Eiweiß, daneben Vitamine, vor allem E und Biotin (B_7), Mineralstoffe, Phytosterine und weitere wertvolle Inhaltsstoffe. Die Blütenkätzchen verwende ich wie die der Birke, allerdings in geringer Menge, weil sie nicht ganz so mild schmecken.

Nussolatte

1 Handvoll Haselnüsse
2 TL rohes Kakaopulver
(oder Kakaonibs)
3 EL Rosinen
2 cm Vanilleschote
1 Prise gemahlene Tonkabohne
1 Msp. Shilajit
500 ml Wasser

Die Nüsse über Nacht einweichen, abwaschen und mit den anderen Zutaten im Mixer sehr fein pürieren. Dabei das Wasser erst nach und nach zugeben. Wenn alles püriert ist, die Flüssigkeit durch einen Nussmilchbeutel gießen und auffangen. Fertig ist die Nussolatte. Wer keine Rosinen mag, kann auch Datteln verwenden. Den im Beutel aufgefangenen Trester können Sie zusammen mit etwas frisch gepresstem Orangensaft zu klein geschnittenen Äpfeln und Bananen geben, und schon haben Sie ein leckeres Müsli.

Was ist Shilajit?

Shilajit ist ein sogenanntes Erdharz, gebildet vermutlich aus Pflanzenresten, Flechten und Harzen unter Mitwirkung von Bakterien und UV-Strahlung. Es enthält viele verschiedene Mineralstoffe, auch Spurenelemente, und organische Bodenbestandteile. Im Ayurveda wird es unter anderem wegen seiner immunstärkenden und entzündungshemmenden sowie die Alterung der Zellen aufhaltenden Wirkung verwendet. Ich nutze es wegen seiner reinigenden und stärkenden Wirkung und seiner leichten Kaffeenote.

Wertvoller als normaler Kakao und sahnig lecker: Nussolatte.

Heidelbeere

Vaccinium myrtillus – Heidekrautgewächse

Wo finden? Heidelbeeren meiden Kalk und wachsen vor allem auf sauren Böden, im Wald oder in Moorheiden.

Wie erkennen?

- sommergrüner Zwergstrauch, 15–50 cm hoch, mit stark kantigen, grünen Ästen
- Blätter frischgrün, klein, eiförmig mit Spitze, am Rand fein gesägt
- Blüten von April bis Mai einzeln in den Blattachseln, grünrote Glöckchen
- von Juli bis September kleine (maximal 1 cm Ø), kugelige, oben abgeflachte Früchte, nickend an kurzen Stielen, sowohl das Fruchtfleisch als auch die Schale sind dunkelblau violett gefärbt, Schale außen silbriggrau bereift.

Wie ernten? Die Erntezeit der leckeren Früchtchen dauert maximal 3 Monate, sodass es sich empfiehlt, die Heidelbeeren auf Vorrat zu ernten und zu trocknen. Die frischen Blätter werden allgemein nicht zum Verzehr empfohlen.

Wie schmeckt's? Ein unvergleichlicher Geschmack zeichnet die Heidelbeeren aus: fruchtig süß, leicht säuerlich mit dem ganz speziellen Heidelbeeraroma.

Die Früchte blau bereift und vorne abgeflacht, kantig die Ästchen – die Heidelbeere.

Kugelige Vorräte

Heidelbeeren können Sie das ganze Jahr über verwenden, da sie sich gut trocknen lassen. Jede Menge Anthocyane färben die Beeren blau und wirken unter anderem gegen Nachtblindheit. Wie die ganze Gruppe der Flavonoide wirken sie stärkend auf das Immunsystem und antimikrobiell.

Auch an Weihnachten lecker: Beerenlocken.

Beerenlocken
(etwa 40 Stück)

2 EL getrocknete Heidelbeeren
2 EL getrocknete Schwarze Johannisbeeren
4 Dörrzwetschgen (Dörrpflaumen)
etwa 200 ml Wasser
4 sehr reife Bananen, geschält
1 TL gemahlener Zimt
2 EL brauner Leinsamen, ganz

Heidelbeeren, Johannisbeeren und Dörrzwetschgen über Nacht in Wasser einweichen. Das Einweichwasser kann auch zum Verarbeiten anstelle des Wassers weiterverwendet werden. Ergänzen Sie es dann nur auf die benötigte Menge. Sie können die Früchte auch frisch verwenden, dann brauchen Sie nur wenig Wasser zugeben.

Alle Zutaten in einen Mixer geben oder mit dem Pürierstab zu einem Fruchtpüree verarbeiten. Das Püree auf zwei mit Backpapier belegte Backbleche gleichmäßig ausstreichen. Bei unter 40 °C und einen Spalt breit geöffneter Backofentür so lange trocknen, bis es leicht fest geworden ist. Das Backpapier dann auf ein Gitter ziehen, damit die Fruchtmasse auch von unten gleichmäßig trocknet. Sobald sie eine feste, gummiartige Konsistenz angenommen hat (bevor sie hart wird), die Masse in 10 lange Streifen je Blech schneiden und diese von beiden Enden her vom Backpapier abziehen und aufrollen. Die Rollen danach noch einmal halbieren, sodass sie nur noch halb so breit sind. Dann fertig trocknen lassen. Sie können das Püree auch im Dörrgerät trocknen, die Menge Püree pro Blech teilen Sie entsprechend auf. Die Beerenlocken trocken lagern.

Klee

beschriebene *Trifolium*-Arten – Hülsenfruchtgewächse

Wiesen-Klee oder Rot-Klee (*Trifolium pratense*), Weiß-Klee (*Trifolium repens*)

Wo finden? Den Weiß-Klee treffen Sie auf jedem Rasen, weil er sich ganz klein machen kann und schon ab wenigen Zentimetern Höhe Blüten bildet. Der Rot-Klee dagegen braucht etwas mehr Platz nach oben, daher sollten Sie ihn lieber auf höher gewachsenen Wiesen suchen. Beide Arten bevorzugen nährstoffreiche und eher lehmige bis tonige Böden.

Wie erkennen?

> Rot-Klee 20 – 80 cm hoch, Weiß-Klee 15 – 50 cm hoch, immergrüne Stauden

> beide Klee-Arten haben dreizählig gefiederte typische Kleeblätter, beim Weiß-Klee scheinen sie, weil der Stängel kriechend am Boden entlang wächst, einzeln an einem langen Blattstiel zu wachsen, während beim Rot-Klee die Blattstiele am aufrechten Pflanzenstängel abzweigen; der Rot-Klee hat außerdem kleine, mit dem Blattstiel verwachsene Nebenblätter mit pinselartig behaarter Spitze, beim Weiß-Klee sind diese auf ein unscheinbares Häutchen reduziert

> Blüte von Mai bis Oktober, weiße oder hellrosa Blüten beim Weiß-Klee, rosa, violette oder rote beim Wiesen-Klee ab Juni; beide haben kugelige Blütenstände aus zahlreichen einzelnen Schmetterlingsblüten zusammengesetzt, zu erkennen an 5 unterschiedlich geformten Kronblättern, die zwei unteren zum „Schiffchen“ vereint, zwei seitliche „Flügel“ und ein großes auffälliges oberes Kronblatt, das Botaniker „Fahne“ nennen, Blüte insgesamt 1 – 2,5 cm Ø beim Weiß-Klee, 2 – 3 cm Ø beim Rot-Klee

> die Samen befinden sich in kleinen Hülsenfrüchten, fälschlich wird diese Fruchtform umgangssprachlich auch Schote genannt

Wie ernten? Ernten Sie die Kleeblätter solange Sie welche finden können, auch unter der Schneedecke.

Wie schmeckt's? Der Geschmack der Blätter ist zurückhaltend, mild würzig, salatartig, erinnert etwas an Grüntee. Auch die Blüten schmecken nur leicht süßlich ohne eine hervorstechende Geschmacksnote.

„Glücks“-Klee

Besonders die im Wiesen-Klee enthaltenen Phytoöstrogene machen ihn zu einer wertvollen Pflanze für Frauen in Zeiten erhöhten Bedarfs, zum Beispiel in den Wechseljahren. Solch ein Hormonschub wirkt ausgleichend und entspannend. Ganz zart riecht man beim Verarbeiten das Cumarin heraus, die Gerbstoffe machen sich kaum bemerkbar, sind aber zum Beispiel bei Durchfall hilfreich.

Beide Kleearten können für Kräutermischungen, Suppen, Salate, für Aufstriche und Gemüse verwendet werden. Die Blüten eignen sich zur Dekoration auf Blütenbroten und Süßspeisen. Außerdem können sie gut in Cracker-, Brot- und Kuchenteige eingearbeitet werden. Tradition hat auch das Einlegen der Blätter mit Salz, die dann milchsauer vergären wie Sauerkraut.

Partygeeignet: Fingerfood-Paprika mit Pistazienklee.

Fingerfood-Paprika mit Pistazienklee

4 kleine Paprika, rot, spitz

für die Füllung:
100 g Pistazien
1 kleine Zucchini (etwa 100 g)
Fruchtfleisch von 1 Avocado
2 Handvoll Kleeblätter
1 Handvoll Knoblauchsrauke
1 kleine Frühlingszwiebel mit Grün
Saft von ½ Zitrone
½ TL Kreuzkümmel
schwarzer Pfeffer
etwas Wasser
zur Deko ½ TL Schwarzkümmel, einige Kleeblätter

nach Geschmack Meersalz, Knoblauch

Die Pistazien über Nacht einweichen, anschließend abspülen. Alle Zutaten für die Füllung pürieren, bei Bedarf löffelweise Wasser dazugeben. Die Masse sollte so beschaffen sein, dass sie sich mit dem Spritzbeutel weiterverarbeiten lässt. Die Paprika der Länge nach halbieren und von Stielansatz und Kernen befreien. Die Masse in die Hälften füllen und mit Kleeblättern und Schwarzkümmel dekorieren.

Grün im Winter

Im Winter können Sie sich mit der im Handel erhältlichen Keimsaat behelfen und selbst Rot-Kleesprossen anziehen, um die Grünversorgung zu verbessern.

Kleiner Wiesenknopf

Sanguisorba minor – Rosengewächse

Wo finden? Trockene, basische Lehmböden sind die bevorzugten Standorte des Kleinen Wiesenknopfs, gerne dürfen die Standorte auch etwas steinig und karg sein.

Gefiederte Blätter und runde Blütenköpfchen: daran erkennen Sie den Kleinen Wiesenknopf.

Wie erkennen?

> 15–80 cm hohe, immergrüne Staude
> Blätter zu einer Rosette angeordnet, gefiedert in gegenüberstehende Fiederblättchenpaare mit einem Endblättchen an der Spitze
> einzelne Fiederblättchen bis 1 cm lang, graugrün, am Rand grob gesägt bis spitz gezähnt, Blattstiel vor allem im Winter deutlich dunkelrot
> auffällige, rundliche bis zylindrische Blütenstände mit 1–3 cm Länge aus zahlreichen sehr kleinen Blüten zusammengesetzt, sitzen von Mai bis August am Ende langer Stiele, welche die Grundblätter 3–4-mal überragen
> weibliche Einzelblüten im oberen Bereich der Blütenköpfe mit roten, pinselartigen Fäden (die Narben), männliche Blüten im unteren Bereich mit weißen Staubfäden und gelben Staubbeuteln, beim Abblühen erscheinen die anfangs grünen Blütenköpfe dunkelrot bis braun

Wie ernten? Es werden über die ganze Vegetationszeit die Blätter und jungen Triebe verwendet, am besten frisch gepflückt, weil sie schnell eintrocknen. An geschützten Gartenplätzen kann sogar im Winter noch geerntet werden.

Wie schmeckt's? Man merkt den Blättern ihren Gerbstoffgehalt schon an – ihr Geschmack ist etwas stumpf – aber auch den Gehalt an Vitamin C, der sie etwas säuerlich macht. Leicht nussig wäre eine weitere Geschmackskomponente, die passt.

Knackig: Gurken-Wiesenknopfsalat mit Löwenzahnschnecken und Blütensoße.

Rosenverwandter mit Geschmack

Das unverwechselbare Aroma macht die Wiesenknopfblätter zu einer angenehmen Kombination für alle Gemüsegerichte, denen es an Tiefe fehlt – Gurkensalat beispielsweise verlangt geradezu danach. In Würzmischungen aus verschiedenen Kräutern und zur Zubereitung von Kräutersäften können sie ebenfalls verwendet werden. Der Geschmack ist aber noch neutral genug,

Namenswirrwarr

Gerne wird der Kleine Wiesenknopf auch als „Pimpinelle“ oder „Bibernelle“ bezeichnet. Die Namen sind im Grunde nicht falsch, die eigentliche „Kleine Bibernelle“ aber heißt mit botanischem Namen *Pimpinella saxifraga*, und ist ein Doldenblütler, der gerne als aromatisches Würzkraut verwendet wird.

um die Blätter unter Obst mit kräftigem Geschmack zu mischen.
Die Gerbstoffe bestimmen die Wirkung des Kleinen Wiesenknopfs, der volksmedizinisch bei Durchfall und inneren Blutungen verwendet wird. Sie helfen, offene Oberflächen innerlich wie äußerlich zu versiegeln, kräftigen so unter anderem die Schleimhäute und schützen sie vor dem Eindringen von Krankheitserregern. Die enthaltenen Flavonoide wirken entzündungshemmend und gefäßabdichtend. Der Kleine Wiesenknopf ist daher nicht nur für Rohköstler eine regelrechte Schutzpflanze.

Gurken-Wiesenknopfsalat mit Löwenzahnschnecken und Blütensoße

1 kleine Schlangengurke
10 Löwenzahnblüten mit langem Stiel
½ Avocado
1 EL Apfelessig
1 Frühlingszwiebel
2 Handvoll Blätter vom Kleinen Wiesenknopf
Wasser nach Bedarf
1 TL Schwarzkümmel

nach Geschmack Meersalz, schwarzer Pfeffer

Die Gurke waschen, der Länge nach vierteln und in dünne Scheiben schneiden. Die Löwenzahnstiele von den Blüten abschneiden und einmal der Länge nach und in der Mitte durchschneiden. Anschließend in Wasser legen bis sie sich zu Schnecken gekringelt haben.
Die Außenhülle der Blütenkörbchen entfernen, sodass nur die gelben Zungenblüten übrig bleiben.
Aus dem Fruchtfleisch der Avocado, dem Apfelessig, der geputzten Frühlingszwiebel, 1 Handvoll Wiesenknopfblätter und drei Viertel der gelben Zungenblüten eine Soße pürieren; soviel Wasser zugeben, bis eine cremige Konsistenz erreicht ist.
Soße, Gurkenscheiben und die Löwenzahnschnecken vermengen. Wiesenknopfblätter in einzelne Blättchen zupfen, mit restlichen Löwenzahnblüten und dem Schwarzkümmel über den Salat streuen.

Knoblauchsrauke

Alliaria petiolata – Kreuzblütengewächse

Wo finden? Diese Pflanze ist ein Überlebenskünstler, der von milden Wintern profitiert. Dann nämlich überwintert sie in üppig grünem Zustand mit ihren rosettenartig dem Boden anliegenden Winterblättern, um im nächsten Frühjahr nach oben zu schießen und ihr Aussehen, vor allem das ihrer Blätter, komplett zu ändern. Bevorzugt wächst sie am nährstoffreichen Gebüsch- und Wegesrand, im lichten Halbschatten von Bäumen und Büschen.

Wie erkennen?

> 10 – 100 cm hoch, immergrüne zwei- bis mehrjährige, krautige Pflanze
> aufrechter, unverzweigter Stängel, im unteren Bereich schwach behaart
> Winter- und Grundblätter rundlich herz- bis nierenförmig, am Rand gekerbt (rundliche Vorsprünge, spitze Einschnitte) bis gebuchtet (rundliche Einschnitte und Vorsprünge), Sommerblätter dreieckig, am Rand meist weiter gebuchtet bis gezähnt (spitze Vorsprünge)
> Blüten von April bis Juni, am Ende der langen Pflanzenstiele in Trauben angeordnet
> typische Kreuzblütlerblüte mit 4 einzelnen, weißen Blütenblättern und 6 Staubblättern, Ø 5 – 8 mm, blüht erst im zweiten Jahr
> Früchte sind bis 7 cm lange Schoten mit 2 Kammern, in jeder durchschnittlich 6 – 8 ovale, 3 mm lange Samen

Wie ernten? Im Winterhalbjahr können die Blätter der bodennahen Rosetten geerntet werden, ab Mai dann auch junge Triebe, Blüten und – solange sie noch weich sind – die Schoten. Werden die Schoten fest, reifen die ovalen Samen darin, bis sie dunkelbraun sind. Diese können dann ebenfalls geerntet werden. Sammeln Sie dazu am besten die ganzen Fruchtstände in einer Tüte,

Samenstände der Knoblauchsrauke

die sie dann schütteln und reiben können, bis alle Samen herausgefallen sind und Sie nur noch die Rückstände der Fruchtstände und Schoten herauslesen müssen. Im Herbst und im Frühjahr könnte man auch die scharfen Wurzeln ernten. Ich bevorzuge das Grün und greife statt zu den Wurzeln der Knoblauchsrauke lieber gleich zum Meerrettich, *Armoracia rusticana*.

Wie schmeckt's? Die Knoblauchsrauke ist ein Geschmackswunder, schwefel- und stickstoffhaltige Senfölglykoside und ätherische Öle bestimmen ihren Geschmack. So mundet diese scharfe, etwas bittere, knoblauchartige Mischung aus Meerrettich-, Kapuzinerkresse- und Knoblauchnoten manchen besonders gut, während andere vielleicht diese oder jene Geschmackskomponente weniger ansprechend finden.

Pikant gewürzt

Senfölglykoside wirken gegen Bakterien und zum Teil auch gegen Viren, die bitteren unter ihnen regen in besonderem Maße die Verdauung an. So hat diese Pflanze – neben Vitaminen und Mineralstoffen zur vorbeugenden Stärkung des Körpers – auch bei Infekten etwas zu bieten.

Die Blätter und jungen Triebe, ebenso wie die Blüten und die jungen Schoten werden gerne als würzendes Kraut in Suppen, Salaten und pikanten Gemüsegerichten verwendet. Vom Standort, der Sonneneinstrahlung und der Wärme hängt ab, welche Inhaltsstoffe sich gerade geschmacklich hervortun. So empfiehlt es sich, erst einmal zu kosten und dann zu entscheiden, wie viel Knoblauchsrauke verwendet werden soll. Ich finde, sie eignet sich besonders gut, um Gerichten richtig Geschmack zu verpassen, zu Gurkenspaghetti beispielsweise oder auf einer Rohkostpizza anstelle von Rucola und Knoblauch.

Die Samen können Sie zum Würzen verwenden – dann vorher etwas im Mörser zerkleinern – oder um daraus selbst Senf herzustellen. Oder Sie bewahren sie für den Winter auf und nutzen Sie als Keimsaat – die frischen Sprossen haben einen intensiven Geschmack.

Knoblauchsrauken-Senf

3 EL Samen der Knoblauchsrauke
3 EL oder nach Bedarf Wasser
3 EL Apfelessig
1 Prise Salz
1 frische blaue Feige oder 1 eingeweichte Trockenfeige

Die Samen im Mörser mit den anderen Zutaten zermahlen bis eine einheitliche Masse entstanden ist.

Bei Bedarf esslöffelweise Wasser zugeben.

Wildsenf-Alternativen

Den Senf können Sie auch zusammen mit oder ganz aus Senfsaat herstellen und dann beliebig mit Wildkräutern verfeinern. Wer keine Feigen mag, nimmt stattdessen Datteln, die haben einen neutraleren Geschmack.

Schmeckt wie das Original: Tzatziki mit Knoblauchsrauke.

Tzatziki mit Knoblauchsrauke

150 g Paranüsse
3 EL frischer Sauerkrautsaft (abgeschöpft von einem milden Frischsauerkraut)
etwa 120 ml Wasser
1 EL Zitronensaft
2 Minigurken
1 – 2 Handvoll Knoblauchsrauke

nach Geschmack Meersalz und schwarzer Pfeffer

Die Paranüsse mit dem Sauerkrautsaft und dem Wasser ganz fein pürieren und anschließend in einer abgedeckten Schüssel für mindestens 1 – 2 Tage an einen warmen Platz stehen lassen. Wer keinen Sauerkrautsaft verwenden will, kann auch sogenannte Joghurt-Starterkulturen (vegan) verwenden. Ich finde die Sauerkrautsaft-Variante einfach und sie ergibt einen guten Geschmack. Nachdem der so hergestellte Joghurt gesäuert ist, pürieren Sie ihn mit dem Zitronensaft und den Gewürzen noch einmal bis er schön cremig ist.
Die Gurken – gewaschen, aber ungeschält – mit dem Gemüsehobel in feine Stifte hobeln und zusammen mit der klein geschnittenen Knoblauchsrauke unter den Joghurt heben.

Langsam anfangen

Der Geschmack der Knoblauchsrauke ist nicht für jeden gleich zugänglich. Nehmen Sie anfangs lieber nur die Hälfte. Sie können statt Knoblauchsrauke auch Bärlauch verwenden.

Knopfkräuter

beschriebene *Galinsoga*-Arten – Korbblütler

Behaartes Knopfkraut (*Galinsoga ciliata*), Kleinblütiges Franzosenkraut (*Galinsoga parviflora*)

Wo finden? Knopfkräuter sind typische Ackerunkräuter, die bei uns erst im 18. Jahrhundert verbreitet wurden und ursprünglich aus dem tropischen und subtropischen Südamerika stammen. Sie sind nicht winterhart, sorgen aber durch zahlreiche und schnell nacheinander gebildete Samen für dichte und großflächige Bestände auf nährstoffreichen, sandigen bis lehmigen Acker- und Gartenböden, an Weg- und Straßenrändern und sogar auf städtischen Standorten.

Wie erkennen?

> in der Größe sehr variabel, 5–80 cm hoch, einjährige, krautige Pflanze
> Blätter gegenständig, 3–7 cm lang, eiförmig, länglich zugespitzt, am Rand beim Behaarten Knopfkraut unregelmäßig grob gesägt, beim Kleinblütigen Franzosenkraut nur fein gesägt bis fast glatt, aus den Blattachseln entspringen die Seitentriebe
> Blätter beim Behaarten Knopfkraut deutlich behaart, beim Kleinblütigen Franzosenkraut glatt
> am Ende der Triebe und in den oberen Blattachseln stehen von Mai bis Oktober lang gestielte Blütenkörbchen mit inneren gelben Röhrenblüten, am Rand mit meist 3–5 unregelmäßig angeordneten, gezähnten, weißen Zungenblüten (Bild Seite 11)

Wie ernten? Meist sind die Knopfkräuter erst ab dem späten Frühjahr zu finden, wenn es ausreichend warm ist. Dann sollten die ganzen Triebe möglichst jung geerntet werden, weil die Stängel, Blatt- und Blütenstiele mit der Zeit zäh werden. Junge Pflanzen finden Sie auch später noch, weil die Knopfkräuter sich immer wieder aussäen und sofort wieder austreiben. Die Blätter – auch von älteren Pflanzen – können Sie die ganze Vegetationszeit über nutzen, bis zum Frost.

Wie schmeckt's? Geschmacklich unterscheiden sich die Arten kaum, beide erinnern stark an Sonnenblumenkerne.

Nussiges Grün

Die Blätter und jungen Triebe mit Blüten können aufgrund ihres milden, nussigen Geschmacks nicht nur für Salate, Gemüsegerichte und Suppen verwendet, sondern auch frisch geerntet zu Obst gegessen werden. In Smoothies kann der Geschmack leicht zu dominant werden, als Saft ist er auch stark und eignet sich daher eher in Kombination mit Gemüse als mit Obst. Besonders Mangan und Eisen werden als Inhaltsstoff mit bedeutender Menge beschrieben, daneben sollen die Pflanzen reichlich Kalzium, Magnesium, Vitamin A und C enthalten.

Salat „Romanesco und Freunde aus aller Welt“

½ kleinen Romanesco
1 gelber Pfirsich
2 Minigurken
1 Handvoll Knopfkraut
1 Handvoll frisches Korianderkraut
2 Zweige frische Minze
1 Handvoll Cashewkerne
3 EL weiße Maulbeeren, getrocknet
1 reife, aber etwas festere Avocado
1 Knoblauchzehe
Saft von 1 Limette

nach Geschmack Meersalz, schwarzer Pfeffer, Olivenöl

Den Romanesco in kleine Röschen teilen, den Pfirsich vom Stein befreien und das Fruchtfleisch in Würfel schneiden. Die Gurken halbieren und in kleine Scheiben schneiden. Die Blätter des Knopfkrauts von den Stielen zupfen und ebenso wie das Korianderkraut und die Minze grob schneiden. Die Cashewkerne und die Maulbeeren halbieren. Das Fruchtfleisch der Avocado klein würfeln. Den Knoblauch sehr fein schneiden und mit dem Limettensaft mischen. Alle Zutaten zu einem Salat mischen.

Fruchtig, knackig und aromenreich: Salat „Romanesco und Freunde aus aller Welt“.

Kornelkirsche

Cornus mas – Hartriegelgewächse

Wo finden? Wie die Felsenbirne wird die Kornelkirsche gerne im öffentlichen Raum, in Gärten und Parks gepflanzt. In der Südhälfte Deutschlands gibt es noch wenige Naturstandorte. Die Sträucher lieben sonnige Plätze und kalkhaltige Böden. In Gärtnereien sind sogar spezielle Fruchtsorten mit großen, aromatischen Früchten erhältlich.

Wie erkennen?

- kleine, sommergrüne Bäume oder Großsträucher mit 2 – 6 m Höhe
- Blätter 4 – 10 cm lang, an den Zweigen flach und gegenständig angeordnet, ganzrandig (ohne Einbuchtungen, Zähnchen oder Ähnlichem am Blattrand), eiförmig mit einer Spitze und deutlich von der Blattmitte abzweigenden parallel verlaufenden Blattadern
- Blätter mit zerstreuten, anliegenden Haaren, unterseits in den Winkeln der Blattadern dichter
- kleine, vierzählige, gelbe Blüten in rundlichen Dolden vor dem Laubaustrieb von Februar bis April
- Steinfrüchte je nach Reife hellrot bis fast schwarz, etwa 2 cm lang, abgerundet zylindrisch, mit einem länglichen Kern

Wie ernten? Je nach Sorte und Witterungsverlauf sind die ersten Früchte Ende Juli reif und die letzten können noch im November geerntet werden. Nehmen Sie ausschließlich die dunkelrot bis schwarz gefärbten Kirschen. Sie können täglich oder alle paar Tage die Zweige schütteln und die Früchte dann vom Boden aufsammeln, so stellen sie sicher, dass Sie nur die reifen Früchte ernten. Damit die Früchte unversehrt bleiben, können Sie vorher ein Tuch auf dem Boden ausbreiten.

Wie schmeckt's? Die reifen Früchte schmecken süß mit mehr oder weniger säuerlicher Note, die hellroten Früchte sind zum rohen Verzehr viel zu sauer.

Haben Sie Geduld, richtig gut schmecken erst die dunkelroten Früchte.

Sauer macht lustig

Die Heilige Hildegard von Bingen hat schon im 12. Jahrhundert den Verzehr roher Kornelkirschen empfohlen. Magengeschwüre und vor allem chronische Entzündungen des Darms sollten damit schnell abheilen.

Neben vielen Mineralstoffen, darunter Eisen, sowie Flavonoiden und Gerbstoffen enthalten die Früchte als roten Farbstoff Anthocyane, die als Radikalfänger bekannt sind, außerdem Vitamin C, E und B. Ich verwende die reifen Früchte für Süßspeisen, Getränke, würzige Chutneys und Soßen.

Fastfood – ganz gesund: Spitzkraut-Fleckerl mit Kornelkirschen-Ketchup.

Spitzkraut-Fleckerl mit Kornelkirschen-Ketchup

½ kleines festes Spitzkraut
3 Pfefferkörner, schwarz
1 EL Sesam
1 TL Senfkörner
2 El Orangensaft
1 EL Olivenöl
1 große Handvoll reife, weiche Kornelkirschen
1 EL Rosinen
2 getrocknete Tomatenhälften
3 mittelgroße Tomaten
1 Msp. gemahlener Bockshornklee
1 Msp. gemahlener Kreuzkümmel

nach Geschmack Meersalz

Einzelne große Blätter vom Krautkopf lösen, waschen und die Mittelrippe herausschneiden. Die Blätter in rautenförmige Fleckerl von 2 – 3 cm Seitenlänge schneiden. Pfeffer, Sesam und Senfkörner im Mörser sehr fein zermahlen und mit Orangensaft und Öl zu einer Marinade verrühren. Diese in die Krautfleckerl einmassieren.
Kornelkirschen entsteinen, mit den Rosinen, den Tomaten und den Gewürzen fein pürieren und das fertige Ketchup auf den Krautfleckerln anrichten.

Linden

beschriebene *Tilia*-Arten – Malvengewächse

Sommer-Linde (*Tilia platyphyllos*), Winter-Linde (*Tilia cordata*) und andere

Wo finden? Linden finden Sie fast überall. In vielen öffentlichen Grünanlagen und auch in privaten Gärten werden verschiedene Arten und Sorten gepflanzt. Die bei uns häufigsten sind die Sommer-Linde und die Winter-Linde, Sie können aber auch alle anderen heimischen Arten und auch die gärtnerischen Sorten zum Verzehr verwenden. Wild finden sich die beiden Lindenarten vorwiegend in Mittelgebirgslagen, in Eichen-Hainbuchen-Wäldern die Winter-Linde, und die Sommer-Linde vor allem an bewaldeten, schuttreichen, frischen bis leicht trockenen Hängen („frisch" wird ein Boden genannt, der weder richtig feucht noch trocken ist).

Wie erkennen?

> sommergrüne Bäume mit Höhen bis 25/30 m (Winter-Linde/Sommer-Linde), die sehr alt werden können, Kronenform rundlich

> ab Herbst eiförmige, braune, später rötliche Knospen

> rundliche Blätter, die vorne spitz zulaufen und am Stiel einen herzförmigem Ansatz haben

> Blätter der Winter-Linde 4 – 10 cm, die Oberseite matt dunkelgrün und glatt, unterseits bläulich silbergrün mit bräunlichen Haarbärten in den Winkeln zwischen den Blattadern

> Blätter der Sommer-Linde meist größer, 6 – 15 cm, weniger fest, oft kurzhaarig und heller grün als die der Winter-Linde, unterseits in den Winkeln zwischen den Blattadern weißbärtig

> Blattränder bei beiden gesägt

> die Sommer-Linde blüht zuerst, ab Juni, die Winter-Linde von Juni bis Juli, Blütenknospen kugelig, die Blüten im Ø 1 – 1,5 cm, grünlich gelb, zu mehreren in hängenden Blütenständen begleitet von einem länglich schmalen, hellgrünen Hochblatt, so werden Blätter in der Nähe des Blütenstands bezeichnet, die in Form oder Farbe von den anderen Blättern abweichen (Bild Seite 35)

> kugelige Kapselfrüchte an Stielen, bei der Sommer-Linde mit 5 Rippen auf der Frucht

Wie ernten? Die Linde ist wohl der Baum, der am meisten Essbares bietet. Sogar im Winter hat sie mit ihren Knospen noch Schmackhaftes im Angebot. Im Frühjahr dann folgen die Blätter und die jungen Blütenknospen mitsamt dem noch frischen Hochblatt, später die Blüten. Auch junge Früchte können Sie essen, solange diese noch weich sind.

Wie schmeckt's? Je nach Art und Sorte sind die Lindenblätter in ihrer Konsistenz mal weicher und mal härter, schwächer oder stärker behaart. Allen aber ist ein schleimiges Mundgefühl zueigen, das man zum Beispiel auch von Malvenblättern kennt. Der Geschmack selbst ist sehr mild und daher auch bei Kindern und absoluten Anfängern beliebt. Die Blütenknospen – wie auch die Blätter – schmecken ebenfalls mild. Die Blüten selbst schmecken süß. Die jungen Früchte haben ein frisch zitroniges und ganz leicht nussiges Aroma. Die Hochblätter sind nur jung angenehm zu essen, spätestens ab der Blüte sind sie trocken und hart.

Für jeden Geschmack: samtig sanft und mild

Linden weisen in allen Pflanzenteilen einen Gehalt von 3 bis 10 % an Schleimstoffen auf, die immer dann nützlich sind, wenn mithilfe des Schleims Oberflächen im Körper geschützt werden sollen – zum Beispiel eine empfindliche Magenschleimhaut – oder aber Stoffe gelöst und abtransportiert werden sollen, wie wir das beim Husten kennen. Bei Fieber und grippeähnlichen Erkrankungen werden in der Volksmedizin die Blüten seit jeher geschätzt. Wenn Sie die Blüten roh essen, haben Sie zusätzlich den Nutzen der Pflanzenschleime, die beim Zubereiten als Tee durch das Erhitzen zerstört werden.
Den Schleimgehalt spürt man auch beim Verzehr der Knospen, sie quellen beim Kauen auf und erwecken im Mund den Eindruck, als wäre es ein ganzes Blatt. In Salaten ist das weniger von Vorteil, da werden die Blätter zu schleimig. Verwenden Sie sie lieber gefüllt und ohne Soße zubereitet oder alternativ püriert in Smoothies, Suppen, Aufstrichen, Dessertcremes und Teigen.

Die Würze macht's

Wie bei der konventionellen Herstellung von Brotaufstrichen sind es die Gewürze, die dem Aufstrich den letzten Pfiff verleihen. Variieren Sie beliebig: Mit einer Prise Kümmel- oder Fenchelsamen bekommt er eine süßlich würzige Note, Gundermann verleiht ihm einen harzigen Geschmack und etwas orientalischer wird es, wenn Sie Kreuzkümmel oder Koriander verwenden.

Aus Sonnenblumenkernen und Lindenblättern: Geschmeidig grüner Aufstrich.

Geschmeidig grüner Aufstrich

150 g Sonnenblumenkerne
4 Handvoll Lindenblätter
1 EL Rosinen
2 cm Peperoni, entkernt
1 Schalotte
5 kräftige Zweige Echter Majoran
4 kräftige, junge Triebe Liebstöckel
3 EL Zitronensaft
1 Hauch Piment
1 Msp. Muskatnuss gerieben

nach Geschmack Meersalz

Die Sonnenblumenkerne mit allen weiteren Zutaten im Mixer oder mit dem Pürierstab fein pürieren und das Ganze zum Schluss abschmecken. Abgefüllt in einem Schraubglas hält sich der Aufstrich einige Tage. Dieser Aufstrich schmeckt auf Rohkostbroten und Crackern, kann aber ebenso zum Bestreichen von Gemüsescheiben und verdünnt zum Dippen verwendet werden.

Löwenzahn

Taraxacum officinale – Korbblütler

Wo finden? Löwenzahn wächst im Grunde überall – auf jedem Weg, in jedem Garten, auf jeder Wiese, selbst in Asphaltritzen. Besonders kräftig gedeiht er dort, wo der Boden nährstoffreich ist.

Wie erkennen?

> Löwenzahn ist vielgestaltig und auch für Botaniker nicht immer leicht einzuordnen, daher hat man viele verschiedene Arten (in Deutschland soll es allein über 360 davon geben) zusammengefasst. Wundern Sie sich nicht, wenn nicht jeder gleich aussieht.

> 5 – 40 cm hohe Staude mit langer Pfahlwurzel, teilimmergrün

> Blätter lanzettlich, oft tief gelappt; wenn unzerteilt: gezähnt, gebuchtet, geschweift (sehr flach gebuchtet); bilden am Boden eine Rosette

> gelbe Blütenkörbchen aus vielen gelben Zungenblüten, Ø etwa 2,5 – 5 cm, auf jeweils einem hohlen Stiel, umgeben von grünen Außenhüllblättern, Hauptblütezeit von April bis Juni

> Blätter meist unbehaart, manchmal oder nur im Jugendstadium zart flockig behaart – im Gegensatz zum ebenfalls essbaren Ferkelkraut oder Wiesen-Pippau, die borstig behaart sind

> enthält in allen grünen Teilen und der Wurzel weißen Milchsaft

> Früchte mit schirmartigem Haarkranz bilden die typische Pusteblume

Wie ernten? Die Blätter können Sie mit kurzer Winterpause, je nach Klima und Art, fast ganzjährig finden. Wurzeln ernten Sie vom Herbst bis ins Frühjahr. Der Schwerpunkt der Blütenernte liegt im Frühjahr, danach können Sie aber bis zum Winter immer noch einzelne Blüten finden.

Wie schmeckt's? Dem Anfänger mag der Löwenzahn sehr bitter erscheinen, auch junge, zarte Blätter können schon viele Bitterstoffe enthalten. Das ist aber nur eine Frage der Gewohnheit, Wildpflanzenkenner lieben ihn genau dafür. Wenn Sie nur die gelben Zungenblüten ohne die grüne Außenhülle der Blüte essen, schmecken diese honigartig süß und ganz leicht mehlig.

Bitterstoffe machen stark

Löwenzahn ist gerade wegen seiner Bitterstoffe eine sehr hilfreiche Pflanze, von der Sie alle Pflanzenteile inklusive der Wurzeln verwenden können. Immer wieder wird behauptet, die Blütenstiele wären giftig. Das stimmt aber nicht! Bitterstoffe steigern den Antrieb und kräftigen das Herz, sie helfen bei Schwäche und stärken die Abwehrkräfte. So verleiht der Löwenzahn auch Löwenkräfte. Die Bitterstoffe des Löwenzahns fördern den Speichelfluss, regen Magen- und Gallentätigkeit und somit die Verdauung an.
Bleiben Sie achtsam: Eine intensive Anregung der Magen- und Gallensaftproduktion wäre auf Dauer Ihrem Wohlbefinden eher abträglich. Anfangs sollten Sie zunächst nur einige Blätter essen. An Wildpflanzen Gewöhnte können mehr davon essen, sollten aber auch auf Abwechslung achten. Jeden Tag eine ganze Schüssel Löwenzahnsalat wäre eindeutig zu viel. Dennoch: Nutzen Sie die Bitterstoffe, waschen Sie sie nicht in lauwarmem Wasser aus, wie häufig

empfohlen wird, sondern kombinieren Sie den Löwenzahn zu mildem Gemüse, Avocados oder süßem Obst.
Löwenzahn enthält etwa 8-mal mehr Vitamin C als Kopfsalat und je nach Jahreszeit 3 bis 40 % Inulin, welches hauptsächlich in der Wurzel zu finden ist und unter anderem cholesterinsenkend und gefäßschützend wirkt. Löwenzahn wirkt außerdem anregend auf den Stoffwechsel und harntreibend, beides ist förderlich bei rheumatischen Erkrankungen. Zudem unterstützt der Löwenzahn die körpereigenen Entgiftungsprozesse.

Blütenmilch

20 Löwenzahnblütenkörbchen
1 Handvoll Mandeln, über Nacht eingeweicht und geschält
2 Datteln 'Medjool'
500 ml Wasser

Die grüne Außenhülle der Blütenkörbchen entfernen. Verwenden Sie nur die gelben Zungenblüten. Datteln entkernen und mit Mandeln, Wasser und den gelben Zungenblüten cremig fein pürieren. Die entstandene Mischung bei Bedarf noch durch einen Passierbeutel (Nussmilchbeutel) oder ein Sieb, das mit einem Passiertuch oder einer feinen Gaze ausgelegt wird, passieren.

Bittersweet Orange

4 Blutorangen
2 Handvoll Löwenzahnblätter
1 cm Ingwerwurzel
1–2 Msp. Zimt

Die Blutorangen schälen und zusammen mit den Löwenzahnblättern und dem Ingwer entsaften. Den Zimt in den fertigen Saft einrühren.

Süß und sahnig: Blütenmilch.

Wärmende Bitterstoffe

Bitterstoffe sind „Herzwärmer“ – in zweierlei Hinsicht: Sie wirken herzstärkend und stimmungsaufhellend. Ihre durchblutungsfördernde, energiesteigernde Wirkung ist Rohkosteinsteigern eine große Hilfe, wenn sie am Anfang der Ernährungsumstellung auf Rohkost noch ab und zu frösteln.

Malven

Malvenarten – Malvengewächse

beschrieben: Wilde Malve (*Malva sylvestris*), ähnlich verwendbar: Weg-Malve (*Malva neglecta*), Moschus-Malve (*Malva moschata*)

Wo finden? Die Wilde Malve bevorzugt mäßig trockene, nährstoffreiche Böden und ist an Gebüschrändern, Wegen und Mauern zu finden. Sie eignet sich auch gut für den Anbau im eigenen Garten.

Malven – sanfte Blätter, zarte Blüten.

Malve statt Arzt

Ein spanisches Sprichwort lautet: „Malve im Gemüsegarten lässt den Doktor draußen warten." Essen Sie einfach einige Malvenblätter pur und kauen Sie sie langsam klein, wenn der Hals rau ist oder der Magen zwickt – Sie werden schon im Mund ihre besänftigende Wirkung spüren.

Wie erkennen?

> 30 – 125 cm hoch, zweijährige bis ausdauernde immergrüne Staude
> die ganze Pflanze ist behaart
> rundliche, 5 – 7-lappige, weiche, dunkelgrüne Laubblätter, am Rand gesägt
> rosaviolette, fünfzählige Blüten (je fünf grüne Kelchblätter und fünf farbige Kronblätter) mit dunklen Längsstreifen auf den Blütenblättern, sitzen in Büscheln in den Blattachseln; die Blütenblätter werden beim Trocknen blau, daher auch „Blaue Malve"
> Samenstände scheibenartig runde Spaltfrüchte, die in einzelne Teile zerfallen

Wie ernten? Junge Trieben, Blüten, Knospen, Blätter, Wurzeln und die jungen, noch weichen Früchte sind essbar.

Wie schmeckt's? Die Blätter schmecken mild und schleimig, die Blüten nur ganz leicht süßlich. Die jungen Früchte schmecken mild gemüseartig bis nussig. Wenn sie älter werden, werden sie hart und sind nicht mehr gut zu essen. Die Wurzeln schmecken schleimig.

Zarte Blüten und milde Blätter

Die Wilde Malve ist eine alte Nutz- und Heilpflanze. Ihre Blätter werden seit jeher als Tee verwendet. Sinnvoll ist solch ein Tee nur als Kaltansatz, denn die wertvollen Schleimstoffe würden beim Erhitzen kaputtgehen. Diese Schleimstoffe wirken schützend und beruhigend auf innere Gewebe und Schleimhäute, von ihrer „pappigen" Konsistenz stammt der Beiname „Pappel" – nicht zu verwechseln mit dem gleichnamigen Baum.

Vor allem die großen Blätter eignen sich unverletzt und frisch verwendet zum Füllen oder als Unterlage für Gemüsegerichte. In Salaten mit viel Soße können sie leicht matschig werden, sie sind aber ideal als Zusatz zu Suppen, Cremes, Smoothies und Kuchenteigen und wirken darin, wie auch die Wurzeln, verdickend.
Die jungen, runden Spaltfrüchte sehen aus wie kleine Käselaibe (daher der Name „Käsepappel" oder „Katzenkäse"). Solange sie noch weich sind, sind sie gut essbar. Sie haben etwas Biss und können wie Nüsse in Gemüse oder Salat gegeben werden. Die Blüten eignen sich als essbare Dekoration auf Obst, Nachtischen, Kuchen und vielen anderen Gerichten.

Mohn-Malven-Creme

3 EL Mohn
2 EL Erdmandeln
5 Trockenpflaumen
2 Handvoll Malvenblätter oder
  2 EL getrocknete Malvenblätter
½ Vanilleschote
3 Fäden Safran
Wasser nach Bedarf

Den Mohn, die Erdmandeln und die Trockenpflaumen über Nacht einweichen. Dann alle Zutaten mit Wasser pürieren bis eine cremige Konsistenz erreicht ist. Die Malvencreme schmeckt pur und auch über frische Früchte. Ich mag sie besonders über Aprikosen.

Schmeckt wie Mohnkuchen: Mohn-Malven-Creme.

Rosen

Rosa spec. – Rosengewächse

Wo finden? Rosen finden Sie in der freien Natur als Wildrosen in Gebüschen, Hecken und an warmen Waldsäumen, in Gärten werden sie meist ihrer dekorativen Blüten wegen angebaut. Basische, gerne auch steinige Böden werden bevorzugt.

Wie erkennen?

> sommergrüne Sträucher, bis zu 4 m hoch

> Stamm, Äste und Zweige bestachelt

> Blätter unpaarig gefiedert: die Fiederblättchen stehen sich gegenüber mit einem Endblättchen an der Spitze; Fiederblättchen eiförmig zugespitzt, am Rand gesägt, am Blattansatz kleinere Nebenblätter, das sind beidseitige blattähnliche Auswüchse am unteren Ende der Fiederblätter

> Blüten in der Regel fünfzählig mit dunkelgrünen Kelch- und farbigen Kronblättern, meist mehr als 50 Staubblätter, bei Zuchtsorten Staubblätter oft in Blütenblätter umgewandelt, die Blüten erscheinen dann gefüllt; Blütezeit für Wildrosen je nach Art zwischen Mai und August, für mehrfach oder dauerhaft blühende Gartenrosen von Mai bis Oktober

> die rötlich orange bis schwarz gefärbten Hagebutten sind sogenannte Sammelnussfrüchte, mit Nüsschen, die in dem farbigen, ledrig fleischigen, innen behaarten Fruchtbecher sitzen

Wie ernten? Ich verwende von den Rosen die Blüten und gegebenenfalls die Früchte. Ernten Sie die Blütenblätter einzeln, wenn Sie es nicht weit nach Hause haben oder nehmen Sie die ganzen Blüten und zupfen die Blütenblätter erst zu Hause ab. Die Früchte (nur an Wildarten und fruchtbildenden Sorten) bleiben lange an den Zweigen haften und können bis in den November gezupft werden. Ernten Sie die Früchte am besten, wenn Sie schon etwas weich geworden sind, dann lässt sich das Hagebuttenmark leicht aus der Schale drücken.

Wie schmeckt's? Probieren Sie die Blütenblätter jeder duftenden Rosenart

Wild oder kultiviert?

Es gibt zahlreiche Rosensorten, die speziell für die Nutzung der Hagebutten selektiert oder gezüchtet wurden und besonders saftige oder vitaminreiche Früchte tragen – fragen Sie beim Gärtner diesbezüglich nach. Die duftenden Blütenblätter von kultivierten Rosen können sie ebenfalls verwenden.

Herbstgenuss der säuerlich-süßen Art: Hagebutten.

und -sorte: Manche enthalten viele Gerbstoffe und schmecken daher etwas adstringierend, andere schmecken zart süß. Vom Duft kann leider nicht auf den Geschmack geschlossen werden.
Auch die Hagebutten müssen gekostet werden. Manche bleiben ledrig hart, andere wiederum entwickeln im Herbst saftiges Fruchtfleisch, das cremig und zitronig fruchtig aber trotzdem süß schmeckt.
Sie könnten auch die Blätter von Rosen essen. Aus meiner Sicht sind sie aber kulinarisch weniger ansprechend als Brombeerblätter oder Blätter von anderen Rosengewächsen.

Rosig zart und kräftig fruchtig

Rosen-Blütenblätter können Sie als Dekoration, zum Aromatisieren von Getränken, aber auch als Zugabe zu Salaten und Gemüsegerichten verwenden. Ich trockne sie auch gerne, denn ihre ätherischen Öle behalten sie für lange Zeit, wenn sie sorgsam verpackt und aufbewahrt werden. So nutze ich sie beispielsweise auch für die Weihnachtsbäckerei.
Das Mark der Hagebutten erhalten Sie, wenn Sie die vollreifen Früchte einzeln ausdrücken oder passieren. Festere Früchte können Sie aufschneiden, von den Samen befreien und die Fruchtbecher dann pürieren.
Hagebutten enthalten große Mengen Vitamin C, etwa das 25-fache von Orangen, das macht sie zum Top-Vitaminlieferanten unter den einheimischen Pflanzen.
Bis zu 15 % der Inhaltsstoffe machen Pektine aus, das sind Quellstoffe, die für eine gute Verdauung sorgen sowie Krankheitskeime und Gifte im Darm binden. Gerade vor Winterbeginn gehe ich an keinem Rosenstrauch vorbei, ohne seine Hagebutten gekostet zu haben.

Rosen-Marzipan-Herzen
(35 – 40 Stück)

30 g Kakaobutter, im lauwarmen Wasserbad geschmolzen

für den Teig:
150 g Mandeln
100 g Aprikosen, getrocknet
1 Handvoll Rosen-Blütenblätter, frisch oder getrocknet
2 EL von der Kakaobutter
1 TL Zitronensaft
1 Msp. Vanillepulver
5 – 6 EL Lucuma-Pulver

für die Glasur:
die restliche Kakaobutter
1 TL Kokosöl
bei Bedarf etwas Birkensüß (Xylitol)

Deko:
1 – 2 TL Rosen-Blütenblätter

Die Mandeln über Nacht einweichen und häuten. Die Aprikosen und gegebenenfalls die getrockneten Blüten für einige Stunden einweichen.
Alle Zutaten für den Teig, bis auf das Lucuma-Pulver, im Mixer oder in der Küchenmaschine zu einem Teig verarbeiten – alternativ können Sie sie mit dem Wiegemesser ganz klein wiegen. Dann 3 – 4 EL Lucuma-Pulver (Seite 10) zugeben und den Teig nochmals durchkneten.
Den fertigen Teig auf einer mit dem restlichen Lucuma-Pulver oder gemahlenen Mandeln bestreuten Fläche unter Klarsichtfolie etwa 5 mm dick auswellen und unterschiedlich große Herzen ausstechen. Die Herzen in einem Lebens-

Für Weihnachten oder ganzjährig: Rosen-Marzipan-Herzen.

mitteltrockner oder auf Backpapier im Backofen bei unter 40 °C und spaltbreit geöffneter Tür so lange trocknen, bis sie sich gut ablösen lassen, aber nicht ganz hart sind.

Zum Glasieren die Herzen kurzzeitig ins Gefrierfach stellen, damit sie richtig kalt werden. So hält die Glasur besser. Die restliche Kakaobutter mit dem Kokosöl, das bei Zimmertemperatur üblicherweise auch relativ fest ist, schmelzen und mit einem Pinsel auf die Herzen streichen. Die Blütenblätter fein zerkrümeln und darauf streuen. Kühl und trocken lagern.

Hätten Sie's gewusst?

Solch unterschiedlich aussehende Pflanzen gehören zur Familie der Rosengewächse: Mandeln, Aprikosen, Rosen, Äpfel und Birnen sowie zahlreiche Wildpflanzen, etwa Brombeere und Gänse-Fingerkraut.

Rot-Buche, Buche

Fagus sylvatica – Buchengewächse

Wo finden? Die Buche ist eine der häufigsten Baumarten unserer heimischen Wälder und dort zu finden, wo der Boden weder feucht noch trocken ist, insbesondere auf frischen Böden in Buchen- und Laub-/Nadelmischwäldern.

Wie erkennen?

> sommergrüner Baum, bis 40 m hoch mit glatter, grau gefärbter Rinde
> Blätter eiförmig mit flacher Spitze, 7–10 cm lang, nahezu ganzrandig, leicht wellig geschweift, am Ende der Blattadern leicht eingekerbt, junge Blätter auf der Unterseite und am Rand behaart
> Blüten von April bis Mai, erst an alten Bäumen, männliche und weibliche Blüten an einem Baum (einhäusig)
> die Früchte heißen Bucheckern und haben die Form von dreikantigen Nüsschen, die meist zu zweit in einem außen weich bestachelten Fruchtbecher sitzen und herausfallen, wenn sie ganz reif sind

Wie ernten? Neben den jungen Blättern, können Sie auch die nierenförmigen Blätter neu wachsender Keimlinge verwenden. Sie sind unter jedem Baum zu finden, der im Herbst Bucheckern getragen und abgeworfen hat.
Die Bucheckern können im Herbst, oft schon ab August, unter den Bäumen aufgelesen werden. Wer eine Buche sein Eigen nennt, kann auch Tücher unter den Baum legen und sich so das Aufklauben vom Boden sparen. Vor Verwendung muss der Kern aus der braunen Schale gepult werden. Die den inneren Kern umgebende Haut können Sie mitessen.

Wie schmeckt's? Die jungen Blätter schmecken mild und leicht säuerlich und sind im Gegensatz zu älteren Exemplaren noch gut zu kauen. Noch säuerlicher und von festerer Konsistenz sind die Keimblätter vom Boden.
Bucheckern schmecken ganz frisch vom Baum noch etwas zusammenziehend durch die Gerbstoffe, nach einigen Tagen aber nussig süß.
Früher war auch die Nutzung der inneren Rinde üblich, dazu gibt es allerdings bisher keine rohköstliche Erfahrung.

Frischgrün und fettreich

Die ganz jungen Blätter können klein geschnitten zu Kräutermischungen, in Suppen, Säften und in kleiner Menge zu Smoothies verwendet werden. Nehmen Sie die jungen Blätter auch bei Zahnfleischentzündungen zu Hilfe, dank des

Achtung, gleich fällt sie raus – die Buchecker aus ihrem Fruchtbecher.

Nussig-würziges Obst und Gemüse: Herbstglück.

Gerbstoffgehalts und einiger antibakteriell wirksamer Stoffe dürften diese bald der Vergangenheit angehören. Später werden die Blätter hart und enthalten zu viele Gerbstoffe.

Aus den Früchten lässt sich Öl pressen (eine Handpresse für Ölsaaten lohnt sich eventuell). Ich persönlich esse die Bucheckern nur in den Wochen, in denen die Natur sie für uns bereit hält und davon dann gerne auch ein paar mehr in verschiedenen Variationen: pur, im Salat, in Brot und Kuchen oder Plätzchen verarbeitet oder auch anstelle verschiedener Nüsse, als Nussmilch und -käse, in Brotaufstrichen oder Ähnlichem.

Pur sollte man nicht zu viele davon essen, denn sie enthalten auch Fagin (Trimethylamin), das als leicht giftig gilt. Wir kennen es auch vom Weißdorn als fischähnlichen Blütengeruch; es kommt in der Natur auch sonst weit verbreitet vor.

Außerdem enthalten die jungen Früchte Alkaloide, Saponine und Oxalsäure (siehe Anmerkungen Seite 121). Aber hauptsächlich beinhalten sie viel Stärke, viel Eiweiß und reichlich Fett. Bestandteil des Öls, das immerhin über 40 % des Kerns ausmacht, sind die für uns unverzichtbaren, lebensnotwendigen, und daher essenziell genannten Fettsäuren.

Herbstglück

3 EL Bucheckern
½ Sellerieknolle
2 große Karotten
1 Birne
½ Bund glatte Petersilie

nach Geschmack kann eine Soße dazugegeben werden:
2 EL milder Senf in Rohkostqualität
2 EL Brennnesselsamen
2 EL Tahini dunkel, in Rohkostqualität
3 – 4 EL Wasser
einige Spritzer Zitronensaft

Die Bucheckern 1 – 2 Tage einweichen, von der Samenschale befreien und unter fließendem Wasser von Schalenresten reinigen. Sellerie und Karotten schälen und in kleine Würfel schneiden oder grob raspeln. Die Birne vom Kernhaus befreien und in kleine Würfelchen schneiden. Die Petersilie klein schneiden und mit den anderen Zutaten vermengen. Für die Soße alle Zutaten zu einer geschmeidigen Creme pürieren.

Nur alle paar Jahre – nicht zu viel

Nur alle paar Jahre tragen Buchen einen reichen Fruchtbehang – alle 3 bis 7 Jahre, so die Faustregel der Förster, ist solch ein Mastjahr. Nutzen Sie die Bucheckern dann besonders, aber essen Sie roh nicht zu viele davon. Bis zu 10 Stück gelten gemeinhin als ungiftig, an Wildpflanzen gewöhnte Rohköstler essen gerne auch ein bisschen mehr. Seien Sie achtsam und hören Sie auf die Signale des Körpers, ganz besonders gilt das für empfindliche Menschen und Kinder.

Sauerampfer, Wiesen-Sauerampfer

Rumex acetosa – Knöterichgewächse

Wo finden? Sauerampfer finden Sie auf nährstoffreichen und vor allem gedüngten Wiesen und Ackerrandflächen, wo er sehr groß werden kann. Kleiner bleibt er auf ungedüngten, verwilderten aber öfter gemähten Rasenflächen. Er bevorzugt lehmigen Boden.

Noch ganz klein – aber schon mit Geschmack.

Wie erkennen?

> immergrüne Staude, 15 – 100 cm hoch

> längliche, in der Größe sehr variable Blätter, die bodennahen mit langem Stiel; an den Seiten der Blattbasis zwei spitze Blattzipfel, die oberen Stängelblätter mit stängelumfassender Blattbasis

> Blüten von Mai bis Juli in grünroten Rispen, männliche und weibliche Blüten auf verschiedenen Pflanzen (zweihäusig)

Wie ernten? Ganzjährig können die Blätter und jungen Triebe geerntet werden.

Wie schmeckt's? Der Geschmack ist, wie der Name schon sagt, sauer.

Sauer macht lustig

Den Sauerampfer können Sie in Suppen, Salaten, Gemüsegerichten und zu Saft verarbeiten. Viele Menschen mögen ihn auch pur oder zu Obst essen. Das enthaltene Vitamin C macht ihn auf jeden Fall wertvoll, durch seinen hohen Oxalsäuregehalt ist er aber nicht für alle gleichermaßen nutzbar (Seite 121). Empfindliche sollten den Sauerampfer roh nur in kleinen Mengen verzehren. Immer wieder werde ich gefragt, ob denn der häufige Stumpfblättrige Ampfer (*Rumex obtusifolius*) auch zu essen wäre. Ganz ehrlich: Mein Fall ist er nicht. Außerdem weist er einen sehr hohen Oxalsäuregehalt auf, was ihn ebenfalls nicht empfehlenswert macht.

Sauerampfersüppchen mit Frühlingsblüten

1 Staudensellerie
2 Avocados der Sorte ‘Hass’
1–2 Handvoll junge Sauerampferblätter
5 Blätter Bärlauch oder ½ kleine Knoblauchzehe
1 Msp. Muskatnuss, gerieben
1 Msp. schwarzer Pfeffer
Wasser bei Bedarf
Blüten von Veilchen, Gänseblümchen, Wiesen-Schaumkraut und Schlüsselblumen

nach Geschmack Meersalz

Die Stangen vom Staudensellerie entsaften und den Saft mit den Avocados, den Blättern und Gewürzen pürieren. Sollte der Selleriesaft nicht ausreichen, bei Bedarf etwas Wasser zugeben. Die Frühlingsblüten darüber streuen.

Achtung, geschützte Art!

Schlüsselblumen sind laut Bundesnaturschutzgesetz besonders geschützt. Verwenden Sie solch gefährdete Arten also nur direkt aus Ihrem Garten.

Erfrischend frühlingshaft: Sauerampfersüppchen mit Frühlingsblüten.

Schaumkräuter

beschrieben *Cardamine*-Arten – Kreuzblütengewächse

Elfengleich – die Blüten des Wiesen-Schaumkrauts.

Wiesen-Schaumkraut (*Cardamine pratensis*), Bitteres Schaumkraut (*Cardamine amara*), Behaartes Schaumkraut (*Cardamine hirsuta*)
Alle anderen in Mitteleuropa heimischen Cardamine-Arten sind ähnlich zu verwenden.

Wo finden? Dem Wiesen-Schaumkraut können Sie auf feuchten bis nassen Wiesen begegnen. Das Bittere Schaumkraut wird manchmal auch Bitterkresse oder Falsche Brunnenkresse genannt. Es wächst an Bachläufen und feuchten, halbschattigen Standorten wie Gräben oder Quellfluren. Im Gegensatz zur Brunnenkresse hat es seine Wurzeln aber außerhalb des Wassers verankert, im lehmigen, nährstoffreichen Boden. Das Behaarte Schaumkraut gilt Gärtnern als Unkraut und besiedelt als solches besonders gerne frische, lehmig sandige und gerne auch torfhaltige, unbedeckte Böden in Gartenbeeten und Töpfen und ist oft in Parks und öffentlichen Gartenanlagen oder in Weinbergen zu finden. Seine starke Verbreitung seit den 80er-Jahren erfolgte vermutlich über gärtnerische Substrate.

Wie erkennen?
> alle Schaumkräuter haben gefiederte Blättern und vierzählige Blüten (je 4 grüne Kelchblätter und 4 Blütenblätter)
> die Blätter von Wiesen-Schaumkraut und Behaartem Schaumkraut bilden grundständige, also am Grunde der Stängel entspringende, Rosetten, die auch im Winter noch zu finden sind, beim Wiesen-Schaumkraut dann meist braunrot bis lila verfärbt, beim

Behaarten Schaumkraut absolut frosthart und auch im Winter grün; das Bittere Schaumkraut bildet keine Rosette, es zieht sich lieber zurück, wenn es richtig kalt wird
> Samen in sparrig abstehenden Schotenfrüchten

Wiesen-Schaumkraut
> immergrüne Staude
> 15 – 60 cm hoch, Stängel hohl, rund und glatt
> zart rosaviolette Blüten, Ø etwa 1,5 cm, in traubigen Blütenständen von April bis Juni
> ein gutes Erkennungsmerkmal sind auch die Schaumnester der Wiesenschaumzikade, die sich häufig in den Blattachseln finden und dem Kraut den Namen gaben

Bitteres Schaumkraut
> immergrüne Staude, 10 – 60 cm hoch, Stängel mit Mark und Furchen
> weiße Blüten mit 6 violetten Staubbeuteln – daran können die Blüten von denen der Brunnenkresse unterschieden werden

Behaartes Schaumkraut
> meist 3 – 12 cm hoch, einjähriges, auch zwei- bis mehrjähriges Kraut
> weiße, sehr kleine Blüten, Ø 3 – 4 mm, von Februar bis November

Wie ernten? Blätter und Blüten sowie die jungen Schoten können geerntet werden, sobald sie erscheinen oder wieder kräftig grün sind.

Wie schmeckt's? Alle drei Arten schmecken kresseähnlich mit unterschiedlichen Nuancen – der Gartenkresse am ähnlichsten ist das Behaarte Schaumkraut. Die Geschmacksnoten reichen von Rucola bis Meerrettich.
Bitteres und Wiesen-Schaumkraut können ziemlich scharf und teilweise bitter sein. Abhängig von Temperatur, Sonneneinstrahlung und Regenmenge ist der Geschmack sehr konzentriert oder etwas milder.

Schwungvolle Schärfe

Alle beschriebenen Arten enthalten die für Kreuzblütler typischen Senfölglykoside, außerdem Bitterstoffe und viel Vitamin C. Senföle eignen sich, um den Stoffwechsel in Schwung zu bringen und so verschiedene Prozesse im Körper anzuregen, von der Verdauung bis zur Durchblutung. Sie wirken krebshemmend und antibakteriell. So sind vor allem die im Winter noch kräftig grünen Schaumkräuter, wie das Behaarte Schaumkraut, geeignet, uns vor Erkältungen zu schützen und mit Vitaminen zu versorgen.
Sie brauchen nicht viel davon zu essen, empfindlichen Mägen können die Senföle auch einmal zu viel werden. Als Salatbeigabe oder als Würzkraut mit scharfer Note können Sie die Kräuter aber häufig nutzen. Wem es nicht zu mühselig ist, der kann die kleinen Samen sammeln und zu Senf verarbeiten. Die Blüten bieten sich als hübsche Dekoration für pikante Gerichte an.

Kürbis schmeckt auch roh: Hokkaido-Suppe.

Hokkaido-Suppe

1 kleiner Hokkaido-Kürbis, Ø 10–12 cm
2 Birnen
1 große Avocado
1 Prise Muskatnuss, gerieben
1 Handvoll Liebstöckelblätter
1 Handvoll Vogelmiere
½ Handvoll Wiesen- oder Bitteres Schaumkraut, je nach Schärfebedarf auch mehr
5 Walnüsse
2 TL Kürbiskerne
Wasser nach Bedarf

nach Geschmack Brennnesselsalz oder 2 gesalzene und getrocknete Tomatenhälften

Den Kürbis schälen und von den Kernen befreien. Wer mag, kann den Hokkaido auch ungeschält verwenden.
Die Birnen ungeschält, aber ohne Kernhaus verwenden. Die Avocado halbieren, den Kern entfernen und das Fruchtfleisch herauslösen.
Alle Zutaten, ausgenommen die Nüsse und Kürbiskerne, mit Wasser im Mixer pürieren, bis eine cremige Suppenkonsistenz erreicht ist. Die Walnüsse knacken und die Nusskerne zusammen mit den Kürbiskernen klein hacken und in die Suppe streuen.

Süßdolde

Myrrhis odorata – Doldenblütler

Wo finden? Leider ist diese Pflanze nicht ganz so häufig zu finden, aber überall dort, wo sie einmal angepflanzt worden ist, verwildert sie. Ursprünglich in den Staudenfluren der Alpen und deren Vorland beheimatet, kann sie in jedem Garten leicht angesiedelt werden, wo sie lehmigen, gerne auch etwas feuchten Boden findet.

Wie erkennen?

> große, meist halbkugelige, sommergrüne Staude mit Pfahlwurzel, wird 60 – 120 cm hoch und ebenso breit
> sehr große Blätter, die unteren über 15 cm breit, zwei- bis dreifach gefiedert, am Rand gezähnt, hellgrün, zart und sehr weich behaart, mit behaartem Blattstiel
> Blütenstände bilden sogenannte Doppeldolden, bei denen alle Verzweigungen des Blütenstands (bis zu 24) von einem Punkt ausgehen und je ein Döldchen tragen, die strahlenartigen Verzweigungen der Döldchen tragen ihrerseits jede eine kleine, weiße Blüte, die Blütenblätter der äußeren Blüten sind etwas größer als die der inneren, Blüte von Mai bis Juli
> Früchte sehr auffällig, bis 2,5 cm lang, stark glänzend, erst grün, dann dunkelbraun
> die großen Samen machen die Süßdolde unverwechselbar mit anderen Doldenblütlern; bis zu deren Erscheinen ist ein genauer Vergleich der anderen Merkmale angebracht

Wie ernten? Von März bis zum ersten Frost können durchgängig die Blätter geerntet werden. Blüten ab Mai, da-

Ihre Samen machen die Süßdolde unverwechselbar.

Süßes im Garten

Wenn Sie die Pflanze in Ihrem Garten aussäen wollen, denken Sie daran: Sie ist ein Frostkeimer. Säen Sie also bereits im Herbst, ab August, das Saatgut am vorgesehenen Platz aus.

nach, spätestens ab Juni, die jungen Früchte.

Wie schmeckt's? Die Süßdolde hat es in dieses Buch wegen ihres außergewöhnlichen Geschmacks geschafft – weil alle Pflanzenteile sehr intensiv nach Anis und Lakritze schmecken. Leider wird sie noch viel zu oft übersehen.

Feine Süße mit Lakritznoten

Die feinen Lakritznoten machen die Süßdolde zum perfekten Würzkraut für verschiedene Süßspeisen: Puddings, Cremes, auch Tortenböden, Plätzchen und Kuchenteig bekommen so eine besondere Note. Auch Getränken und Smoothies können Sie, durch Ergänzung mit frisch gepresstem Süßdoldensaft, kräftige Anisnoten hinzufügen. Zum Herstellen von aromatisierter Nussmilch das Kraut zusammen mit den Nüssen pürieren und dann durch ein Sieb oder ein feines Tuch passieren, weil vor allem ältere Blätter sich im Mixer nicht immer ganz perfekt zerkleinern lassen. Ebenfalls frisch verarbeiten können Sie die jungen, noch weichen Samen, die sich auch zum Süßen eignen. Ältere Samen lassen sich getrocknet und gemahlen zum Würzen verwenden.

Und dazu ...

... passt ein Fruchtsalat aus gewürfelten Mangos, zu dem ebenfalls klein gehackte Süßdolde gegeben werden kann.

Die enthaltenen ätherischen Öle verleihen der Süßdolde antibakterielle, verdauungsfördernde Kräfte. Auch die vielseitig wirksamen Flavonoide gehören zu den Inhaltsstoffen. Volksheilkundlich wird der Süßdolde eine schleimlösende und blutreinigende Wirkung nachgesagt. Gerade für Rohkostanfänger, deren Verdauungssystem noch in der Umstellung ist, kann sie besonders nützlich sein.

Schoko-Ice-Ice-Baby
(für etwa 500 ml Eis)

½ Tasse Cashewkerne ohne Schale
2 Handvoll Süßdoldenblätter
10 Datteln 'Deglet Nour', entsteint
4 TL Kakaopulver, roh
3 EL Kokosmus
½ TL Orangenschale
1 Prise Tonkabohne, gerieben
Saft von 1 – 2 Orangen
1 EL Kakaonibs

Die Cashewkerne für mindestens 3 Stunden einweichen, danach das Wasser abgießen und die Kerne mit den anderen Zutaten, bis auf die Kakaonibs, zu einer zähfließenden Creme pürieren. Den Orangensaft dabei nach und nach zugeben, bis die gewünschte Konsistenz erreicht ist.

Die Kakaonibs unter die fertige Creme rühren und diese dann für mehrere Stunden ins Tiefkühlfach stellen, bis das Eis geradeso fest ist. Als Kugeln anrichten und mit einem Süßdoldenblatt dekorieren.

Schokoladig, wild und roh: Schoko-Ice-Ice-Baby.

Taubnesseln

beschriebene *Lamium*-Arten – Lippenblütler

Weiße Taubnessel (*Lamium album*), Goldnessel (*Lamium galeobdolon*), Purpur-Taubnessel (*Lamium purpureum*), *Gefleckte Taubnessel (Lamium maculatum*)

Wo finden? Im lichten Halbschatten, am Wegrand, an Gebüschen und Mauern, auf frischem, nährstoffreichem und lehmigem Boden fühlen sich die meisten Taubnesselarten zu Hause. Die Purpur-Taubnessel ist auf Ackerböden ein weit verbreitetes Unkraut, die Goldnessel blickt auf eine jahrzehntelange Karriere als Bodendecker unter Sträuchern und Bäumen in landschaftlich gestalteten Gärten und Parks zurück.

Die Weiße Taubnessel.

Wie erkennen?

- 10 – 40 cm (Purpur-Taubnessel) bis 60 cm (Weiße und Gefleckte Taubnessel) hoch, aufrecht wachsend, mit Ausnahme der Goldnessel, deren Triebe erst aufrecht wachsen, dann dem Boden anliegen und Teppiche bilden
- einjährige Kräuter (Purpur-Taubnessel) bis immergrüne Stauden (Goldnessel, teilweise auch die Weiße Taubnessel in mildem Klima)
- alle Arten mit dem für Lippenblütler typischen vierkantigen Stängel
- Blätter ähneln Brennnesselblättern, haben aber eine weiche Behaarung, die nicht brennt, Blätter sind am Rand gekerbt, gesägt oder gezähnt, die jungen Blätter der Purpur-Taubnessel purpurrot
- Anordnung der Blätter kreuzgegenständig
- Blätter der Goldnesseln ab dem Sommer mit deutlich silbernen Flecken oder Flächen auf der Blattoberseite und im Winter zusätzlich roter Färbung entlang der Blattadern
- je nach Art auffallende Lippenblüten in Weiß, Gelb (Goldenessel) oder Rosa (Gefleckte und Purpur-Taubnessel) in den Blattachseln, die rund um den Stängel in Etagen (botanisch korrekt „Scheinquirlen“) angeordnet sind,

Blüten je nach Art 1–3 cm lang, am Grund mit klarem Nektar gefüllt
- Blüte von April bis Oktober, die Purpurrote Taubnessel blüht auch oft bis Dezember, die Goldnessel nur von Mai bis Juli

Wie ernten? Ernten Sie die Triebe mit oder ohne Blüten so tief, wie die Stängel noch weich sind, alternativ nur Blätter und Blüten. Von der Goldnessel können Sie ganzjährig die Blätter ernten. Im Herbst sind die Wurzeln junger Pflanzen erntereif. Der Nektar in den Blüten lässt sich auslutschen, was vor allem Kinder gerne machen.

Wie schmeckt's? Alle Taubnesselblätter schmecken mild, aber sehr aromatisch, manche etwas harzig. Die Blüten schmecken nur leicht süßlich.

Ungefährlich und aromareich

Blätter und junge Triebe können Sie zu Suppen, im Salat, in Gemüse, Brotaufstrichen und sogar Süßspeisen verarbeiten. In Salatsoße werden die ganzen Blätter und Blüten leicht schleimig. Verarbeiten Sie diese für Salat deshalb eher klein gehackt oder als Gewürz, das direkt zu Mayonnaise, cremiger Soße oder Kräuterbutter mitpüriert werden kann. Ich mag die Blüten und die aromatischen Blätter auch gerne zu Süßspeisen.

Die Taubnesseln sind reich an vielen verschiedenen Inhaltsstoffen, unter anderem Schleimstoffen, Gerbstoffen, Saponinen, Mineralstoffen, ätherischen Ölen und anderen mehr. Dies begründet ihre vielseitige volksmedizinische Verwendung bei Erkältungskrankheiten zur Schleimlösung, bei Magen- und Darmverstimmungen zur Beruhigung und zur Bekämpfung von Bakterien, gegen Entzündungen und so weiter. Eine innerliche Anwendung der Weißen Taubnessel bei Katarrhen der oberen Luftwege und leichter Entzündung von Mund- und Rachenschleimhaut wird heute noch empfohlen.

Goldene-Rübli-Torte

für den Boden:
200 g Walnüsse
100 g getrocknete Birnen
100 g getrocknete Pfirsiche
3 Handvoll Goldnesselblätter
1 TL Zimt
etwas Zitronenschale
4 EL gelber Leinsamen, frisch geschrotet

1 TL Kokosöl und 3 EL gelber Leinsamen für die Form

für die Creme:
2 EL Mandelmus
Saft von ½ Zitrone
Saft von 1 großen Orange
100 g Kokosöl
120 g Rosinen
Schale von ½ Orange
4 mittelgroße Karotten
einige Blättchen Zitronenverbene
½ TL Vanille
3 EL Flohsamenschalen

Die Walnüsse und die Trockenfrüchte mindestens über Nacht einweichen. Aus den Früchten, den Goldnesselblättern und den Nüssen mit dem Zimt und der Zitronenschale einen Teig herstellen, das geht entweder mit dem Mixer, der Küchenmaschine oder von Hand, indem alle Zutaten soweit zerkleinert werden bis eine klebrige Masse entstanden ist. Die Leinsamen unter die Masse kneten, sodass ein gleichmäßiger Teig entsteht. Eine Springform (24–26 cm Durchmesser) mit dem Kokosöl einfetten und mit dem Leinsamen auskleiden. Den Teig in die Form geben und auf dem Boden und halber Randhöhe mit den Fingern gleichmäßig festdrücken. Den Teig im Backofen oder Dörrgerät bei unter 40 °C und spaltbreit geöffneter Tür etwa 3 – 4 Stunden trocknen lassen. Der Teig sollte sich dabei vom Rand der Form leicht ablösen.

Für die Creme das Mandelmus mit dem Zitronen- und dem Orangensaft schaumig mixen. Das Kokosöl im lauwarmen Wasserbad erwärmen und untermixen. Nun die Rosinen, die Orangenschale, die geschälten, in Stücke geschnittenen Karotten, Zitronenverbene und Vanille untermixen. Zum Schluss die Flohsamenschalen mit einem Schneebesen gleichmäßig unterheben. Die Creme auf den Tortenboden verteilen und die Torte so lange kaltstellen bis die Creme fest geworden ist, was mindestens 1 – 2 Stunden dauert.

Wintergenuss

Das ist die ideale Wintertorte, weil alle Zutaten auch dann verfügbar sind. Wer jedoch keine Goldnesselblätter findet, verwendet stattdessen Brombeerblätter oder getrocknete Brennnesselblätter.

So beliebt wie der klassische Rüblikuchen: Goldene-Rübli-Torte.

Veilchen, Wohlriechendes oder März-Veilchen

Viola odorata – Veilchengewächse

Alle mitteleuropäischen Veilchenarten, wie das Acker-Stiefmütterchen (*Viola arvensis*) oder die Sumpf-Veilchen (*Viola palustris*), sind ebenfalls essbar.

Wo finden? Veilchen wachsen gerne an Südhängen, im Gebüsch und am lichten Waldrand im Gras, dort, wo es im Frühjahr am wärmsten und sonnigsten ist. Lehmige und nährstoffreiche Böden werden bevorzugt.

Wie erkennen?

> immergrüne Staude, 5 – 10 cm hoch

> rundliche bis herzförmige, gestielte, grundständige Blätter, die am Rand leicht gekerbt sind und auch eingerollt sein können

> auf halber Höhe des Blütenstiels zwei kleine, schuppenförmige Blätter (Hochblätter), am Grund des Blattstiels sitzen kleine, 3 – 4 mm schmale, kurz gefranste Nebenblätter (seitliche Auswüchse)

> dunkelviolette, stark duftende Blüten, Ø etwa 1 – 2 cm, am Ende mit Sporn, im März und April des zweiten Jahres, auch rosa und weiße Varianten; später auch unscheinbare, sich nicht öffnende Blüten, die durch Selbstbestäubung Früchte bilden

> Früchte: ovale Kapseln aus 3 Klappen mit vielen Samen, die bei Fruchtreife herausgeschleudert werden

> Vermehrung über Ausläufer, das heißt, die einzelnen kleinen Pflänzchen sind oft noch miteinander verbunden

Wie ernten? Die Blätter können fast das ganze Jahr über geerntet werden, seltener während einer kurzen Pause im Spätherbst und frühen Winter, die sich dem Witterungsverlauf anpasst. Die Blüten erscheinen mit den ersten warmen Frühjahrstagen, von Februar bis Mai.

Veilchen – auch die Blätter sind essbar.

Wie schmeckt's? Der Geschmack der Blüten ist süßlich mit leichtem Lakritzaroma, isst man viele davon, wird er etwas kratzig rau. Die Blätter schmecken mild, ohne auffälligen Eigengeschmack.

Dufte Blüten und köstliche Blätter

Veilchen sind reich an Schleimstoffen und Saponinen, dadurch können sie bei Erkrankungen der oberen Luftwege Erleichterung verschaffen. Außerdem enthalten sie verschiedene ätherische Öle und Bitterstoffe.

Die Blätter sind gut für Kräutermischungen geeignet, aber auch in Salaten und Gemüsegerichten zu verwenden. Die Blüten sind nicht nur hübsche Dekoration, sondern verleihen süßen milden Gerichten auch eine leichte Veilchennote.

Vertrauen Sie Ihrem Geschmack, wenn es sich rau und kratzig anfühlt, dann liegt das an den Saponinen und heißt: Es ist genug.

Rosen statt Veilchen

Zu Ostern kommen Artischocken aus Italien auf den Markt, im Sommer gibt es mittlerweile auch welche aus Deutschland. Probieren Sie das Gericht dann einmal mit Rosenblüten.

Artischocken mit Veilchen-Citronette

2 große oder 6 kleine lila Artischocken
Saft von 1 Zitrone
1 TL abgeriebene Zitronenschale
4 EL Olivenöl oder 2 EL Mandelmus und etwas Wasser
30 Blätter vom Dreikantigen Lauch
40 Veilchen-Blüten

nach Geschmack Meersalz, Pfeffer

Die Artischocken putzen. Verwenden Sie möglichst junge Artischocken, die noch wenig oder kein sogenanntes Heu auf dem Blütenboden gebildet haben und daher fast ganz verwendet werden können. Die Stiele dieser Artischocken können Sie übrigens auch verwenden. Sie brauchen sie nur leicht zu schälen.

Schneiden Sie die ganze Artischocke von der Spitze her soweit ab, dass nur noch der untere weiche und essbare Teil der Blätter am Blütenboden bleibt. Entfernen Sie die äußersten harten Blätter ganz und teilen Sie große Artischocken in Hälften, aus denen Sie gegebenenfalls das Heu herausschneiden. Richten Sie die Artischocken etwas aufgefaltet oder in Scheiben geschnitten auf dem Teller an. Beträufeln Sie sie sofort mit etwas Zitronensaft, sonst werden sie braun.

Dann rühren Sie Zitronenschale und Olivenöl zusammen und geben die Lauchblättchen und 30 Veilchenblüten klein geschnitten darunter. Träufeln Sie diese Citronette über die Artischocken und dekorieren Sie mit den restlichen Veilchen.

Frühlingsgericht: Artischocken mit Veilchen-Citronette.

Vogel-Kirsche

Prunus avium – Rosengewächse

Wo finden? Zu finden sind Kirschbäume natürlicherweise in Laubmischwäldern, wo es genug Licht gibt, und am Waldrand, außerdem in manchen Heckenformationen. Sie werden aber auch gerne im öffentlichen Grün gepflanzt.

Wie erkennen?

> sommergrüner Baum, bis 25 m hoch, im Jugendstadium mit geringelter, braunglänzender, später mit schwarzgrauer Borke mit Längsrissen

> Blätter oval zugespitzt, 4 – 7 cm lang und am Rand doppelt gezähnt, mit großen und kleinen Zähnen, matt dunkelgrün, oft schlaff herabhängend, Blattstiel meist mit 1 – 2 kleinen Nektardrüsen, die Nektar abscheiden

> langgestielte Blüten erscheinen kurz vor Blattaustrieb von April bis Mai, Ø 2,5 – 3 cm, zu 2 – 6 in Büscheln, manchmal einzeln, fünfzählig mit weißen Blütenblättern

> kugelförmige Steinfrüchte mit tiefrotem Fruchtfleisch und schwarzglänzender Schale mit einem Kern, ab Juli, Ø etwa 1 cm

Wie ernten? Essen Sie die Früchte im Juli und vergessen Sie dabei nicht, ab und zu ein Blatt mitzuessen. Auch Knospen und Blüten können in kleinen Mengen verzehrt werden.

Wie schmeckt's? Die Früchte der Wildkirsche schmecken nicht ganz so süß wie die der Zuchtsorten, dafür merkt man aber am bittersüßen Geschmack, dass hier neben Zucker auch noch viele Inhaltsstoffe enthalten sind. Knospen, Blüten und Blätter schmecken etwas nach Bittermandeln oder Marzipan, was enthaltenen Blausäureglykosiden (Amygdalin) geschuldet ist.

Schwarz und lecker – reife Wildkirschen.

Sommerglück Kirschen

Sie ist die Urform unserer Süß-Kirsche, sie wächst wild und ihre Früchte sind kleiner als die der Zuchtsorten. So brauchen Sie keine Kirschen in Nachbars Garten zu suchen, sondern nur die vielen öffentlich zugänglichen Kirschbäume zu nutzen.

Wussten Sie, dass der Verzehr von Kirschen bei Gicht Erleichterung verschafft oder durch die enthaltenen Anthocyane, welche für die rote Färbung verantwortlich sind, rheumatische Entzündungen gehemmt und Alterungsprozesse aufgehalten werden können? Nutzen Sie die kurze Kirschenzeit und verzehren Sie reichlich von den Früchten, die außerdem Vitamin C und A, Pektine, Gerbstoffe und zahlreiche weitere wertvolle Inhaltsstoffe besitzen.

Knospen, Blüten und Blätter sollten Sie wegen der toxischen Wirkung der Blausäureverbindungen nur in geringen Mengen essen, sie eignen sich aber wunderbar zum Aromatisieren in Obstsalat, Tortenboden und Desserts.

Kirsch-Karamell-Tartelettes

50 g Mandeln
30 g Macadamianüsse
50 g Datteln
1 TL Kakaopulver, roh
1 Prise Zimt
4 Kirschblätter
etwas Wasser (etwa 50 ml)
1 EL Flohsamenschalen

1 EL Kokosöl
1 Banane
½ TL Zitronenschale
1 EL Zitronensaft
1 EL Mesquite-Pulver
1 Prise Tonkabohne, gemahlen
2 EL Wasser

3 Handvoll Kirschen
2 Kirschblätter zur Deko

Mandeln und Macadamias über Nacht einweichen und danach das Einweichwasser abgießen. Die entsteinten Datteln und die Nüsse im Mixer oder Zerkleinerer mit Kakaopulver, Zimt, Kirschblättern und Wasser zu einem körnigen Teig verarbeiten. Die Flohsamenschalen darunterkneten. Den Teig in zwei Tartelette-Förmchen verteilen und im Backofen bei unter 40 °C und spaltbreit geöffneter Tür, alternativ im Dörrgerät, trocknen lassen.
Das Kokosöl im Wasserbad schmelzen, dann zusammen mit dem Fruchtfleisch der Banane, Zitronenschale und -saft, Mesquite-Pulver, Tonkabohne und Wasser pürieren und die Creme auf die Törtchen streichen.
Kirschen entstielen und entsteinen oder ganz auf die Creme legen. Mit einem Kirschblatt dekorieren.

Mit Marzipannote: Kirsch-Karamell-Tartelettes.

Japanische Blütenpracht

Wenn Ihnen im Frühjahr die beeindruckend gefüllten Blüten der japanischen Kirschbaumsorten (*Prunus serrulata*-Sorten) auffallen, dann können Sie beobachten, ob diese im Sommer Früchte tragen, und auch da zugreifen.

Vogelmiere

Stellaria media – Nelkengewächse

Wo finden? Sie finden das hellgrüne Kraut hauptsächlich auf offenen Flächen mit bevorzugt frischem nährstoff-, vor allem stickstoffreichen Boden, auf frisch umgebrochener Gartenerde oder Ackerboden, aber ebenso auch im Balkonkasten und in Blumenbeeten.

Wie erkennen?

- 3–40 cm hoch, einjähriges Kraut, das sich auch im Herbst noch aussäen und den Winter überdauern kann, teilweise auch mehrjährig, bildet dichte Polster in Bodennähe aus ineinander verwachsenen Pflanzen
- runder Stängel mit einreihiger Behaarung, die dazu dient, das Wasser bei Niederschlag innerhalb des dichten Polsters zum nächsten Blattpaar zu leiten
- brechen Sie die Stängel vorsichtig, wird ein zäher Faden sichtbar, das sind die Leitungsbahnen der Pflanze für Wasser und gelöste Stoffe (Leitbündel)
- kleine, gegenständige, eiförmige Blätter mit Spitze, aus den Blattachseln entspringen Seitentriebe und Blütenstände
- Blüten nur etwa 0,5 cm Ø, mit 5 jeweils tief zweigeteilten, weißen Blütenblättern und darunter 5 etwa gleichlangen, grünen Kelchblättern, erscheinen ganzjährig, so lange die Witterung mild genug und nicht zu trocken ist
- sehr kleine Kapselfrucht mit zahlreichen rötlich braunen Samen

Die einreihige Behaarung an den Trieben der Vogelmiere ist deutlich zu erkennen.

Wie ernten? Egal, ob im Blumenkasten oder auf einem geeigneten Acker (Bioanbau ohne Düngung mit Tierabfällen), Sie sollten die Vogelmiere ernten, solange sie jung und frisch ist. Im Sommer trocknet sie meist etwas aus und zieht sich zurück, aber im Frühjahr und Herbst, wenn es mild und feucht ist, ist ihre Zeit. Zwicken Sie die Triebspitzen mit den Nägeln ab oder schneiden Sie das Kraut büschelweise.

Wie schmeckt's? Der Geschmack des jungen Krauts liegt zwischen frischen grünen Erbsen und jungen Maiskolben. Wenn die Pflanzen älter werden und Früchte bilden, werden die Triebe etwas zäh.

Kinderkraut mit Mehrwert

Die Vogelmiere ist die richtige Pflanze, um auch Kinder für Wildpflanzen zu begeistern. Das harmlos erscheinende Kraut enthält immerhin über 10-mal mehr Vitamin C als Endiviensalat und Sie können sicher sein, Ihre Kinder wer-

den einen Vogelmiere-Salat dem Endiviensalat vorziehen. Noch besser, wenn Sie die Vogelmiere einfach frisch gepflückt und pur immer mal wieder zum Knabbern anbieten.
Auch ihr Gehalt an Mineralstoffen, darunter Eisen und Silizium in Form von Kieselsäure, sowie ihr Saponin- und Flavonoidgehalt ist erwähnenswert. Außerdem enthält sie Vitamin A und Gamma-Linolensäure in den Samen, eine Omega-6-Fettsäure, die vom Menschen nicht selbst hergestellt werden kann und deren Aufnahme für uns daher essenziell ist. Da kann nun wirklich keine Nuss-Nougat-Creme mithalten. Pfarrer Kneipp empfahl die Pflanze bei Husten – durch die enthaltenen Schleimstoffe wirkt sie schleimlösend – und bei Verdauungsbeschwerden. Weil sie die ideale Pflanze für den Einstieg in die Rohkosternährung ist, können Sie daraus milde Suppen und Smoothies herstellen, aber sie auch sonst für nahezu jedes Gericht verwenden.

Cremiger Vogelmiere-Smoothie

2 EL Mandeln
2 Trockenaprikosen
6 kleine Clementinen, geschält
3 Handvoll Vogelmiere
1 Prise Vanillepulver

Die Mandeln über Nacht einweichen, das Wasser danach weggießen. Auch die Aprikosen über Nacht einweichen. Die Clementinen schälen. Alle Zutaten im Mixer pürieren. Bei Bedarf so viel vom Einweichwasser der Aprikosen zugeben bis die gewünschte Konsistenz erreicht ist. Exotisch wird der Geschmack, wenn Sie statt der Mandeln Kokosmus nehmen (Bild Seite 32).

Mierchen für zu Hause

Sie finden nirgendwo Vogelmiere? Bestellen Sie sich Samen und säen Sie diese in Töpfchen und Balkonkästen aus. Frische Luft brauchen sie aber, im Zimmer bekommen die Vogelmieren schnell Läuse.

Für Einsteiger: Cremiger Vogelmiere-Smoothie.

Wald-Erdbeere

Fragaria vesca – Rosengewächse

Wo finden? Wie der Name schon sagt, ist der Wald ihr Zuhause. Sie finden die Wald-Erdbeere an sonnigen Standorten in Laubwäldern und Waldlichtungen, häufig auch in verwilderten Rasenflächen und am Gebüschrand. Nährstoffreicher, durchlässiger Boden kommt ihr entgegen.

Gern im Verborgenen – die Früchte der Wald-Erdbeere.

Wie erkennen?
> immergrüne, Ausläufer bildende Staude, 5–20 cm hoch
> Blätter dreiteilig, mit deutlich sichtbaren Blattadern, am Rand grob gezähnt
> fünfzählige, weiße Blüten, in der Mitte mit gelben Staubblättern, von Mai bis Juni; an sonnigen Standorten werden später auch noch vereinzelt Blüten und Früchte gebildet
> die Früchte nennt man Sammelnussfrüchte, sie bestehen aus einem rot gefärbten, verdickten Blütenboden und roten Nüsschen; die Früchte lösen sich beim Pflücken ohne Kelchblätter vom Stiel

Wie ernten? Vor allem von Juni bis August können die Früchte, ganzjährig die Blätter geerntet werden.

Wie schmeckt's? Den Geschmack von Erdbeeren kennt wahrscheinlich jeder – die wilden Erdbeeren schmecken noch aromatischer und sehr süß, wenn sie ganz reif sind. Die Erdbeerblätter sind nicht ganz so köstlich, aber im Winter oder in Ermangelung anderen Grüns trotzdem einen Versuch wert: Sie schmecken neutral, etwas trocken und leicht adstringierend.

Erleichternde Früchte, starke Blätter

Erdbeeren galten früher als wichtiges Heilmittel, und zwar nicht nur die stark gerbstoffhaltigen Blätter, sondern auch die Früchte. Diese wirken entwässernd und wurden bei vielerlei Krankheiten wie Gicht, Arthritis, Fieber und Erkrankungen von Leber und Galle eingesetzt. Es ist fast schade, die Früchtchen zu

verarbeiten – genießen Sie sie lieber klassisch englisch mit einem Schlag roh-veganer Nuss-Sahne etwa.
Flavonoide, Phytosterine, Vitamine (unter anderem C, E, K und Folsäure) und Mineralstoffe machen die Früchte so wertvoll.
Erdbeerblätter können Sie ebenso verwenden wie Brombeerblätter – geben Sie sie in Kuchenteige und Smoothies – sie fallen nicht auf und können dort aber ihre Wirkung ebenso entfalten. Die Blüten und jungen Blätter eignen sich sehr gut als essbare Dekoration, außerdem für Kräutermischungen, für Salat und zu Gemüsegerichten.

Wildkräuter-Erdbeer-Salat

- 3 Handvoll milde Kräuter wie Franzosenkraut, Vogelmiere, Veilchenblätter und junge Triebe vom Labkraut
- 1 Handvoll mit jeweils einigen jungen Blättern von Löwenzahn, Gundermann, Dost und Wald-Erdbeere
- 2 Handvoll Wald-Erdbeeren
- 1 EL Apfelessig
- 2 EL Olivenöl in Rohkostqualität oder ½ Avocado

nach Geschmack Salz, schwarzer Pfeffer

Die Kräuter klein zupfen. Ein Drittel der Erdbeeren mit einer Gabel zerdrücken und mit Apfelessig und Öl, eventuell Salz und Pfeffer, verrühren. Die Mischung durch ein feines Sieb streichen. Die Kräuter auf Tellern anrichten und die Erdbeervinaigrette darübergeben. Mit den restlichen Erdbeeren dekorieren.

Fruchtig: der Wildkräuter-Erdbeer-Salat.

Harmonie in Grün und Rot

Essen Sie immer Früchte und Blätter, so werden zahnschädigender Zucker und Säuren im Mund gleich neutralisiert. Die Gerbstoffe verschließen die Oberfläche des Zahnfleischs, was Entzündungen vorbeugt. Das gilt auch für die grünen Kelchblätter von Kulturerdbeeren.

Erdbeerkosmetik

Verschiede Fruchtsäuren finden sich in den Blättern wie in den Früchten, darunter auch die Salicylsäure, hilfreich gegen Schmerzen und Fieber. Da sie auch hautreinigend und schüppchenablösend wirkt, können Sie aus den Erdbeeren eine wunderwirkende Gesichtsmaske machen.

Wald-Sauerklee, Sauerklee

Oxalis acetosella – Sauerkleegewächse

Wo finden? Der Wald-Sauerklee bedeckt in großen und kleinen Polstern den dunklen Waldboden von Laub- und Nadelwäldern auf sauren Böden.

Wie erkennen?

> immergrüne, Ausläufer bildende Staude, 5 – 12 cm hoch

> der Wurzelstock verläuft unterirdisch oder kriechend am Boden, Stängel fehlt

> lang gestielte Laubblätter wachsen senkrecht nach oben, sie ähneln dem Glücksklee (Zierpflanze), sind aber statt aus 4 nur aus 3 Blättchen zusammengesetzt, diese klappen bei Sonneneinstrahlung nach unten

> zwei verschiedene Blüten: geöffnete, fünfzählige Blüten mit Kelch- und Kronblättern, Ø 2 – 3 cm und geschlossene Blüten, von April bis Mai, weiße Kronblätter mit purpurfarbenen Adern und gelbem Grund, Blütenstiel bis auf 2 schuppenförmige Vorblätter (die beiden ersten Blätter eines Seitensprosses) blattlos

> Früchte sind 5-kantige, 1 cm lange Kapseln

Wie ernten? Blüten, Knospen, Blätter, Wurzeln und die jungen, noch weichen Früchte sind essbar.

Wie schmeckt's? Blätter und Blüten schmecken erfrischend sauer. Reagieren Sie empfindlich auf Oxalsäure, werden Sie den Geschmack vielleicht nicht als angenehm empfinden: ein Signal, nur wenig davon zu verwenden. Es gibt Hinweise darauf, dass der Oxalsäuregehalt in der Pflanze nach der Blüte geringer ist.

Herzig – die Blätter des Sauerklees.

Sauer macht lustig

Der Sauerklee ist reich an Vitamin C. Früher wurde er als Gemüse angebaut und zur Vitamin-C-Versorgung bei Skorbut verwendet. Homöopathisch und in der anthroposophischen Medizin wird er als Heilpflanze zur Anregung des Stoffwechsels, bei Verdauungsproblemen, zur Vermeidung von Steinbildungen und zur Schockbehandlung eingesetzt.
Sauerkleeblätter und -blüten können ganz oder zerkleinert für Salate, Suppen und zu Gemüse verwendet werden. Ich verwende den Sauerklee gerne, wenn mich nach einer säuerlichen Note verlangt, zum Beispiel für süßsaure asiatische Gerichte.
Aus den Blättern und Meersalz können Sie ein Würzsalz zubereiten. Verarbeiten Sie dazu beides im Mörser zu einer Paste, die Sie trocknen lassen. Bei Bedarf wiederholen Sie das Mörsern bis ein gleichmäßig feinkörniges Gewürzsalz entstanden ist.

Marinierte Champignons mit Sauerkleeherzen

2 lockere Handvoll Sauerkleeblätter
300 g kleine Stein-Champignons
1 cm Ingwerwurzel
2 cm Meerrettichwurzel
1 EL Zitronensaft
2 EL Wasser
eventuell 2 EL Nama Tamari in Rohkostqualität (Seite 42)
1 EL Öl oder etwas zerdrücktes Avocadofruchtfleisch

Den Sauerklee in einzelne Blattherzen zupfen. Champignons mit einem Pinsel säubern. Ingwer und Meerrettich reiben, mit Zitronensaft, Wasser und Tamari mischen. Die Champignons darin ungefähr 2 Stunden marinieren. Dann das Öl oder das Avocadomus dazugeben sowie die Hälfte der Sauerkleeherzen, umrühren und alles eine weitere Stunde stehen lassen. Die restlichen Sauerkleeherzen darüberstreuen.
Dazu passt Petersilienwurzel-Reis. Dafür Petersilienwurzeln schälen und im Zerkleinerer beziehungsweise Mixer auf Reiskorngröße zerkleinern und mit etwas Zitronensaft beträufeln.

Mit Waldaromen: Marinierte Champignons mit Sauerkleeherzen.

Oxalsäure

Sie kann bei regelmäßiger Aufnahme großer Mengen zu Reizungen der Schleimhäute des Verdauungstraktes führen sowie zu Nierenproblemen. Oxalsäure ist in Maßen genossen nicht schädlich, aber in vielen Pflanzen wie Mohn, Mangold, Kakao und Rhabarber vorhanden. Sie ist wasserlöslich und wird bei Gekochtem mit dem Kochwasser entfernt.
Roher Spinat enthält aber mehr Oxalsäure als Wald-Sauerklee und wird dennoch häufig verzehrt. Ich verzichte lieber auf den Spinat im Smoothie als auf rohköstlichen Kakao oder Sauerklee! Sie wissen schon: Abwechslung und Achtsamkeit bei der Verwendung von Wildpflanzen sind hilfreich.

Wegeriche

beschriebene *Plantago*-Arten – Wegerichgewächse

Spitz-Wegerich (*Plantago lanceolata*), Breit-Wegerich (*Plantago major*), Mittlerer Wegerich, auch Mittel-Wegerich (*Plantago media*)

Wo finden? Spitz- und Mittleren Wegerich finden Sie fast auf jedem Rasen und auf jeder Wiese, wobei der Mittlere Wegerich weniger nährstoffreiche und etwas trockenere Standorte bevorzugt. Der typische Standort für Breit-Wegerich sind Trittfluren, also Wege und begangene Flächen. Weil er sich so gut an widrige Verhältnisse anpassen kann, wächst er sogar zwischen Pflastersteinen.

Wie erkennen?

- allen drei Wegerich-Arten ist die Anordnung der Blätter in grundständigen Rosetten gemeinsam

Der Mittlere Wegerich im Frühjahr.

- die Stängel sind zu blattlosen Schäften ohne Verzweigung ausgebildet, an deren Ende die Blüten als Ähre angeordnet sind

Spitz-Wegerich

- 10 – 50 cm hoch, teilimmergrüne Staude, die mit wenigen kleinen Blättern auch im Winter zu finden ist
- Blätter ungestielt, lang, schmal und spitz, meist kahl (manche Unterart wollig zottig) mit wenigen auf der Blattunterseite erhabenen, parallel verlaufenden Blattadern
- Schaft lang, aufrecht mit 5 Furchen
- Blüten in 2 – 4 cm langen walzenförmigen Blütenständen (bei Unterarten auch kugelig bis kugelig eiförmig), die aufblühenden Staubblätter formen einen weißen Ring um den Blütenstand, der von unten nach oben abblüht; von Mai bis September

Mittlerer Wegerich

- 10 – 45 cm hoch, teilimmergrüne Staude
- Blätter eng dem Boden anliegend, in einen kurzen, breiten Stiel übergehend, sehr gleichmäßig breit elliptisch geformt, spitz auslaufend mit parallelen Blattadern und weicher Behaarung
- Schaft lang
- Blüten wie beim Spitz-Wegerich mit etwas längeren (2–6 cm) Blütenständen, duftend, der breitere Ring aus Staubgefäßen hier weiß bis rosa- bis lilafarben, von Mai bis September

Breit-Wegerich

- 5 – 40 cm hoch, sommergrüne Staude
- Blätter gestielt, ungleichmäßig wellig, breit eiförmig bis handgroß und

von starken Blattadern längs durchzogen, vorwiegend kahl
> Schaft so lang oder maximal doppelt so lang wie die Blütenähre, oft nicht länger als die Blätter
> Blüten- und Fruchtähren wesentlich länger als bei den anderen Arten
> Blüten unscheinbar von Juni bis Oktober in bis über 25 cm langen aufrechten Ähren, geruchlos

Wie ernten? Fast ganzjährig, sogar unter dem Schnee können Sie die Blätter von Spitz-und Mittlerem Wegerich finden. Außerdem können Sie Blüten und Früchte zu den jeweils beschriebenen Zeiten nutzen.

Wie schmeckt's? Die Blätter des Spitz-Wegerichs schmecken herb würzig und leicht bitter. Die des Mittleren Wegerichs sind etwas milder und die des Breit-Wegerichs eher mild frisch, manchmal leicht säuerlich. Blüten und Fruchtstände von Spitz- und Mittlerem Wegerich, bei Letzterem auch die jungen Blätter, haben einen intensiven Geschmack nach Champignons, beim Breit-Wegerich ist dieser nicht ganz so ausgeprägt.

Pilzgeschmack und Gelierfähigkeit

Ihr Pilzgeschmack und die Gelierfähigkeit machen Wegeriche für Rohköstler so interessant. Kombinieren Sie vor allem die Blüten- und jungen Samenstände vom Spitz- und Mittleren Wegerich zu Pilzgerichten oder verwenden Sie sie in Suppen – eine echte Delikatesse. Die Blätter vom Breit-Wegerich eignen sich klein gehackt in Kombination mit Gemüse. Traditionell werden die Blätter klein geschnitten und mit Salz eingelegt, wie Sauerkraut. Außerdem können Sie alle Wegerichblätter gut für würzige Kräutermischungen, auch Würzsoßen oder Mayonnaisen verwenden.

Wertvolle Inhaltsstoffe sind vor allem Flavonoide, Saponine, Monoterpene, Schleimstoffe, Kieselsäure und Vitamin C.

Die Hüllschicht der Samen kann bis zum 25-fachen ihres Gewichtes an Wasser aufnehmen und trägt so zum Gelieren von Gerichten bei. Am besten geeignet sind die Samen des Breit-Wegerichs: Sie lassen sich gut von den Fruchtständen abstreifen und ihr geringer Eigengeschmack stört auch in Süßspeisen nicht. Die Fruchtkapseln selbst enthalten außerdem reichlich Öl, was ihnen einen nussigen Geschmack verleiht und auch ausgepresst werden kann.

Noch mehr Quellfähigkeit haben Flohsamenschalen, das sind die Samenschalen einer subtropischen Wegerichart, *Plantago ovata*.

Naturapotheke Wegerich

Bei Husten und Entzündungen im Mund- und Rachenraum helfen die Blätter des Spitz-Wegerichs, weil sie Schleim-, Gerb- und antibakteriell wirkende Stoffe enthalten. Kauen Sie das frische Kraut pur, verarbeiten Sie es in Gerichten oder setzen Sie einen Kaltauszug an, so werden die entscheidenden Stoffe nicht durch Erhitzen beschädigt.

Gekaute oder anders zerkleinerte Wegerichblätter eignen sich als wundheilende Auflage bei Blasen und Insektenstichen. Wie Pfarrer Kneipp schon sagte, näht der Wegerich mit goldenen Fäden den klaffenden Riss oder die Wunde.

Samtiger Pilzgeschmack: Wegerich-Türmchen mit Aprikosenschaum.

Wegerich-Türmchen mit Aprikosenschaum

4 Topinamburknollen
etwas Zitronensaft
18 junge, etwa gleich große Blätter vom Mittleren Wegerich
2 mittelgroße braune Champignons

für den Schaum:
5 getrocknete Aprikosen, entsteint
1 EL Goji-Beeren
Saft von 1 Zitrone
1 Prise Safranfäden
etwas Wasser

nach Geschmack Fleur de Sel, 2 cm Chilischote zum Schaum hinzufügen

Für den Schaum alle Zutaten etwa 2 Stunden im Zitronensaft einweichen. Die Topinamburknollen waschen, schälen und in etwa 3–5 mm dicke Scheiben schneiden. Diese an den Seiten leicht zuschneiden, damit sie etwa die Form der Wegerichblätter haben, und mit Zitronensaft beträufeln, damit sie nicht braun werden. Die Wegerichblätter am unteren Ende spitz zuschneiden. Die Champignons sehr dünn schneiden. Auf eine Topinamburscheibe ein Wegerichblatt, dann einige Champignonscheibchen, dann wieder ein Wegerichblatt und noch eine Topinamburscheibe aufeinanderschichten und mit einem Wegerichblatt abschließen.
Für den Schaum die eingeweichten Zutaten und gegebenenfalls etwas Wasser schaumig pürieren und über die Türmchen geben.
Das Rezept entspricht der Menge für eine Vorspeise, nehmen Sie die doppelte Menge für ein Hauptgericht.

Weißdorne

beschriebene *Crataegus*-Arten – Rosengewächse

Eingriffeliger Weißdorn (*Crataegus monogyna*), Zweigriffeliger Weißdorn (*Crataegus laevigata*), Großfrüchtiger Weißdorn (*Crataegus macrocarpa*), Großkelchiger Weißdorn (*Crataegus rhipidophylla*)

Wo finden? Weißdorne treffen Sie an sonnigen Waldrändern und in lichtreichen Wäldern. Gerne wird der Weißdorn auch als Bestandteil von Hecken angepflanzt, dort, wo es ein bisschen naturbelassen aussehen soll.

Wie erkennen?

> Die Arten kreuzen sich untereinander, sodass die Unterscheidung oft nicht einfach ist. Die Beschreibung gilt für die aufgeführten Arten.
> sommergrüne Sträucher oder kleine Bäume, 2 – 10 m hoch
> dunkelgrüne Blätter, etwa 3 – 5 cm lang, beim Eingriffeligen Weißdorn tief gelappt bis geteilt, bei den anderen Arten gelappt oder nur schwach gebuchtet, Blattränder gekerbt oder teilweise gesägt
> Blüte von Mai bis Juni, weiße, fünfzählige Blüten je nach Art 0,7 – 2,5 cm Ø, verströmen starken Fischgeruch durch enthaltenes Trimethylamin
> Früchte, die aussehen wie sehr kleine, orangerote bis dunkelrote Äpfelchen, bestehend aus einem Steinkern beim Eingriffeligen Weißdorn, bei den anderen Arten gibt es auch Früchte mit 2 – 3 Kernen, mehliges, gelblich orangefarbenes Fruchtfleisch, bis 1,5 cm lang

Wie ernten? Ernten Sie die Blätter bei jeder Gelegenheit, so lange wie sie grün sind. „Kein Spaziergang ohne einige Blätter vom Weißdorn“, lautet meine Regel. Die Früchte können Sie ab August ernten, sie bleiben teilweise bis in den Winter an den Zweigen hängen.

Wie schmeckt's? Die Blätter schmecken mild, ohne eine besonders hervortretende Geschmacksnote. Sie sind von fester, etwas brüchiger Konsistenz. Die reifen Früchte sind weich und erinnern an einen mehligen Apfel.

Stark mit Weißdorn

Wenn Sie im Frühjahr von Grippe oder anderen schwächenden Infektionen geplagt sein sollten, denken Sie an den Weißdorn. Er hilft, das Herz zu schützen.

Weißdorn-Blüte

Geht schneller als Sushi – schmeckt ebenso lecker: Grünes Sushi-Gemüse.

Weißdorn macht ein freundliches Herz

Medizinisch von Bedeutung sind Inhaltsstoffe aus der Gruppe der Procyanidine, einer Untergruppe der Polyphenole, und Flavonoide. Zusammen mit vielen weiteren Inhaltsstoffen sind sie Teil eines Wirkungskomplexes, der das Herz unterstützt: Er kann eine bessere Kontraktionskraft und ein höheres Schlagvolumen, die Verringerung von Herzrhythmusstörungen und die bessere Durchblutung der Herzkranzgefäße und des Herzmuskels bewirken. Gerade im Alter, wenn die Kraft des Herzens nachlässt, ist der pure Verzehr der Blätter und Früchte hilfreich.
Die Blätter können Sie gut in Wildpflanzensalaten, in Fruchtpürees und Smoothies verwenden. Die Früchte können Sie zu Saft, Smoothies und in Teigen verarbeiten. Sie sollten sie allerdings vorher entkernen, was etwas mühsam ist. Dank des Pektingehalts geliert das Fruchtfleisch, sodass Sie es auch zum Andicken von Desserts und Tortencremes verwenden können. In früheren Zeiten wurden die Früchte als Wintervorrat getrocknet und dann zu Mus verarbeitet oder zum Strecken des Mehls verwendet.

Schnelles Maki-Sushi

Wenn Sie das Gemüse auf Reisgröße raspeln oder zerkleinern, können Sie es in Nori-Algenblätter rollen, mit Avocado- oder Gurkenstreifen füllen und die Soße dazu reichen.

Grünes Sushi-Gemüse

½ Blumenkohl
1 kleiner weißer Rettich
1 kleiner Brokkoli
1 rote Paprika
2 Handvoll Weißdornblätter
10 g Nori-Algen, in großen, ganzen Stücken, getrocknete Qualität
1 Handvoll Rosinen

für die Soße:
1 Bund Kerbel
3 EL Sesammus (Tahini), hell, in Rohkostqualität
2 cm Ingwerknolle
2 EL Apfelessig
1 cm Meerrettichwurzel
etwas Wasser

nach Geschmack Nama Tamari (Seite 42) oder Meersalz, Olivenöl

Blumenkohl, Rettich, Brokkoli und Paprika putzen und in sehr kleine Stücke schneiden. Beim Brokkoli kann der geschälte Strunk mitverwendet werden. Wenn es sehr schnell gehen soll, kann das Gemüse auch im Hochleistungsmixer mit Wasser zerkleinert werden. Das Wasser dann sofort abgießen, sonst verliert das Gemüse zu viel an Geschmack und Inhaltsstoffen. Die Weißdornblätter klein schneiden oder klein zupfen, ebenso die Nori-Algen. Beides mit den Rosinen zum Gemüse geben. Für die Soße den Kerbel mit Sesammus, Ingwer und Essig im Mixer pürieren. Den Meerrettich fein reiben und unterrühren. Die Soße bei Bedarf weiter abschmecken, dann zum Gemüse geben und alles gut durchmischen.

Weißer Gänsefuß

Chenopodium album – Gänsefußgewächse

Wo finden? Diese Pflanze ist häufig der Erstbesiedler auf frisch umgebrochener Acker- und Gartenerde. Nährstoffreiche Böden, auch Wegränder und Brachflächen, sind die Standorte, auf denen sie großflächig auftreten kann.
Der Gänsefuß ist bis in die subtropischen Klimazonen weltweit verbreitet – halten Sie also auch im Urlaub die Augen danach offen. Teilweise wird die Pflanze dort, wie bei uns früher auch, noch angebaut.

Der Gänsefuß – gräulich-grünes Acker-„Unkraut".

Die nah verwandten und eher schwer zu unterscheidenden Meldenarten Garten-Melde (*Atriplex hortensis*) und Spreizende Melde (*Atriplex patula*) können ebenso verwendet werden.

Wie erkennen?
- einjähriges Kraut, 0,2 – 1,5 m hoch, mit tiefreichenden Wurzeln
- aufrechter Stängel mit aufrechten Seitentrieben, Stängel gestreift, grün bis dunkelrot
- Blätter grünlich blaugrau, untere Blätter bis 7 cm lang und bis etwa 5 cm breit, rauten- bis drachenförmig wie Gänsefüße, meist zugespitzt mit stumpf gezähntem bis gelapptem Rand an der vorderen Blatthälfte, im oberen Pflanzenteil kleinere, schmal lanzettliche, selten auch ganzrandige Blätter
- grünlich-graue Thyrsen (ährenähnlich gehäufte Blütenknäuel), mit weißlich grünen, bemehlten Einzelblüten, Ø 2 – 3 mm, von Juli bis Oktober
- die Pflanze erscheint wie mit Mehl bestäubt durch sogenannte Blasenhaare

Wie ernten? Blätter und junge Triebe können Sie von Frühjahr bis Herbst sammeln. Ich ziehe die ganze Pflanze aus dem Boden, wenn ich zum Beispiel am Rande von Bioanbaufeldern den Bauern einen Gefallen damit tun kann, dass ich das für sie lästige Ackerunkraut entferne. Zu Hause zupfe ich die einzelnen Blätter ab. Die Blüten können ab Juli geerntet werden und anschließend auch die Samen.
Wie schmeckt's? Die ganze Pflanze schmeckt mild, etwas spinatartig, leicht säuerlich und etwas salzig, weil die Bla-

senhaare der Ablagerung überschüssiger Salze dienen.

Lecker in Maßen

Der Weiße Gänsefuß ist eine gut geeignete Salat- und Gemüsepflanze. Wie der eng verwandte Spinat und der Sauerampfer enthält auch er Oxalsäure. Deshalb verwende ich ihn nur in Maßen, gerne im Sommer, wenn andere krautige Pflanzen unter der Hitze leiden. Rohkostanfängern, die an Rheuma, Gicht oder Nierensteinen leiden, sei ebenfalls Zurückhaltung empfohlen.
Viel Vitamin C (das 18-fache von Kopfsalat), sehr viele Mineralstoffe, essenzielle Aminosäuren, Phytosterine, Saponine, auch ein hoher Eisengehalt und andere wertvolle Inhaltsstoffe zeichnen den Weißen Gänsefuß aus. Die Samen wurden früher als Mehlersatz verwendet. Sie können sie zu Teigen oder Suppen geben.

Suppe in Gänsefüßchen

1 Pastinakenwurzel, mittelgroß
Fruchtfleisch von ½ Honigmelone oder 1 kleinen Galia-Melone
2 Handvoll Gänsefußblätter
100 g Kokosnussfruchtfleisch
1 TL abgeriebene Zitronenschale
1 Prise gemahlener Kardamom
Wasser nach Bedarf
Schnittlauch und Blüten zur Dekoration

nach Geschmack Meersalz, schwarzer Pfeffer

Die Pastinakenwurzel putzen und schälen. Alle Zutaten im Mixer fein pürieren, dabei so viel Wasser zugeben, bis eine cremige Konsistenz erreicht ist. Die Suppe in Tellern anrichten und mit Schnittlauch und Blüten dekorieren.

Würzig-mild und aromatisch süß: Suppe in Gänsefüßchen.

Amerikanischer Cousin

Die Samen des Weißen Gänsefußes sind sehr mühselig zu sammeln. Leichter ist das bei seinem Verwandten: dem Quinoa, *Chenopodium quinoa*. Sie können diese Samen etwas ankeimen lassen und viele verschiedene Gerichte daraus herstellen (Seite 65).

Wiesen-Labkraut

Galium mollugo – Rötegewächse

Wo finden? Das Labkraut finden Sie meistens auf sonnigen, nährstoffreichen, frischen Wiesen und gerne an Wald- und Auenwaldsäumen zwischen den Gräsern und Kräutern. Dort arbeiten sich die in der Jugend kräftigen, später zarten Triebe nach oben ans Licht und legen mit ihren Blüten einen weißlichen Schleier über die Wiesen.
Aber auch am Wegrand, sogar zwischen Mauerritzen kann man die Pflanzen entdecken, meistens als flächiges Polster wachsend.

Blätter in Etagen und ein vierkantiger Stängel kennzeichnen das Wiesen-Labkraut.

Wie erkennen?
- teilimmergrüne Staude, bis 1 m hoch, ältere Triebe werden oft von anderen Pflanzen gestützt oder liegen flach
- Stängel vierkantig und kahl
- Blätter lanzettlich, 2 – 7-mal so lang wie breit, Rand flach oder leicht nach unten gebogen, meist zu 8 rings um den Stiel etagenförmig angeordnet, hier entspringen auch die Seitenzweige, diese Etagen sind ein typisches Merkmal der Labkräuter
- Blüten weiß, Ø 2 – 3 mm, vierzählig, von Mai bis August am Ende der Triebe als sogenannte Thyrse angeordnet

Wie ernten? Junge, saftige Pflanzen finden sich fast ganzjährig. Im Spätwinter und zeitigen Frühjahr sind oft schon junge Labkrauttriebe unter den abgestorbenen Grasbüscheln vom letzten Jahr zu finden. Auf gemähten Flächen treibt das Labkraut das ganze Jahr über wieder aus. Selbst unterm Schnee finden sich häufig kleine Triebe.
Wie schmeckt's? Der Geschmack ist kräftig salatartig, im Jugendstadium saftig frisch, leicht nussig. Zur Blütezeit

Aroma ins Getränk

Zu den Labkräutern gehört auch der Waldmeister, *Galium odoratum*, der sich dank seines Cumaringehaltes in kleiner Menge (allgemeine Empfehlung max. 3 g/Liter, etwa 10 – 15 Triebe) zum Aromatisieren von Getränken eignet.

werden die Triebe zäh und strohig. Die Blüten schmecken etwas süßlich.

Erquickend und labend

Vor allem die jungen Triebe sind gut in Salaten, zu Gemüsegerichten und auch in Suppe, Saft und Smoothies zu verwenden. Die Blüten eignen sich zur Dekoration. Sie können aus den Trieben auch Saft pressen, der wie das Kraut anregend auf den Stoffwechsel allgemein und speziell auf Lymphfluss und Nieren wirken soll und daher perfekt geeignet ist, um Saftfasten- oder ähnliche Entschlackungskuren zu unterstützen.

Süße Karotten mit Labkraut

5 mittelgroße Karotten
2 cm Ingwer
3 Passionsfrüchte
1 EL Kokosraspeln Macaroon/fein
1 Handvoll Rosinen
3 Handvoll junger Triebspitzen vom Labkraut
10 Blätter Zitronenmelisse

Die Karotten schälen, grob raspeln. Den Ingwer durch eine Knoblauchpresse pressen. Das Fruchtfleisch der Passionsfrüchte auslöffeln und durch ein Sieb streichen, sodass die Samen zurückbleiben und der Saft mit dem Ingwer und den Kokosraspeln unter die Karotten gemischt werden kann. Die Rosinen ebenfalls zugeben und das Ganze eine halbe Stunde ziehen lassen. Das Labkraut ganz frisch klein zupfen und mit der klein geschnittenen Zitronenmelisse kurz vor dem Verzehr untermengen.

Knackig: Süße Karotten mit Labkraut.

Grün-Grün-Grün

4 Äpfel
2 Handvoll Postelein
3 Handvoll junge Triebspitzen vom Labkraut

Äpfel waschen, von Stiel und Kernhaus befreien und die Stücke zusammen mit den Kräutern entsaften.

Kletten durch den Entsafter

Das Kletten-Labkraut (*Galium aparine*) kann wegen seiner Kletthaken nicht pur gegessen, sondern in einem geeigneten Entsafter ausgepresst und als belebender Saft verwendet werden.

Wiesen-Salbei

Salvia pratensis – Lippenblütler

Blauer Lippenblütler – der Wiesen-Salbei.

Wo finden? Der Wiesen-Salbei ist wie der Dost ein Liebhaber warmer, eher trockener Standorte, wo er mithilfe von viel Sonnenlicht seine ganze Kraft entfalten kann. Kalkhaltiger, lehmiger Boden und schonend bewirtschaftete, selten gemähte Wiesen und Trockenrasen, Wegränder und trockene Waldsäume sind seine bevorzugten Standorte.

Wie erkennen?

> sommergrüne Staude, 20 – 60 cm hoch
> vierkantiger, borstig behaarter Stängel, im oberen Bereich klebrig durch Drüsenhaare
> Blätter ungeteilt, kreuzgegenständig, am Rand ungleichmäßig gekerbt bis gesägt, mit kurzen Borsten und von runzelig rauer Struktur, die meisten grundständig in einer Rosette wachsend und gestielt, an den Blütenstielen nur wenige ungestielte Blattpaare
> hell- bis dunkelblaue Lippenblüten in Scheinquirlen angeordnet, blaue Blütenkronen bis 3 cm lang, von Mai bis August, einzelne erscheinen auch später noch

Wie ernten? Gesammelt werden die Blätter von Frühjahr bis Herbst und im Sommer die Blüten.

Wie schmeckt's? Der Geschmack ähnelt etwas dem des Echten Salbeis, ist allerdings weniger aromatisch und mehr frisch-krautig als jener, mit leicht süßlicher Note.

Blaugrünes von der Wiese

Neben den zum Aroma beitragenden und antimikrobiell wirkenden ätherischen Ölen enthält der Wiesen-Salbei unter anderem Flavonoide, Phytoöstrogene und Bitterstoffe. Seine Heilwirkung ist schwächer als die des Echten Salbeis. Im Vergleich zu diesem macht der mildere Geschmack des Wiesen-Salbeis ihn aber besser geeignet, um ihn pur und in größeren Mengen zu essen. Er eignet sich auch als Bestandteil von Suppen und Gemüsegerichten.

Die Blüten sind eine hübsche und mild aromatische Dekoration, etwa auf Kuchen und im Obstsalat.

Aus den frischen, jungen Stängeln kann Saft gepresst werden und zu Suppen, Smoothies und Getränken gegeben werden. Bei Halsschmerzen können Sie den Saft zum Gurgeln nehmen.

Die rauen Blätter eignen sich hervorragend zum Zähneputzen nach dem Picknick auf der Wiese.

Salbei-Chips

2 EL Zitronensaft
3 Handvoll Wiesen-Salbeiblätter
1 EL Olivenöl

nach Geschmack Meersalz, am besten Fleur de Sel

Zitronensaft und Salz mischen. Wer kein Salz nimmt, kann die Salbeiblätter direkt mit dem Zitronensaft einreiben und etwa ½ Stunde ziehen lassen. Danach mit dem Öl beträufeln und es gut in die Salbeiblätter einmassieren. Die Blätter im Trockner oder im Backofen bei unter 40 °C und einen Spalt weit geöffneter Tür trocknen lassen bis sie knusprig sind (Bild Seite 39).

Chia-Samen

Eine andere Art des Salbeis ist vielen Rohköstlern bekannt, obwohl nur die Samen genutzt werden: Chia-Samen, die lange satt machen, gelieren und reich an Fettsäuren sind. Diese stammen von *Salvia hispanica*, einer Salbei-Art aus Mexiko.

Service

Sie wollen mehr wissen, suchen eine bestimmte Pflanze, ein Rezept oder ein Stichwort? Dann schauen Sie hier nach. Auch wenn Sie auf der Suche nach wilden Pflanzen oder Zutaten zum Bestellen sind, werden Sie hier fündig.

136 Essbare Wildpflanzen im Überblick

138 Zum Weiterlesen, Links und mehr

139 Bezugsquellen

140 Schnell nachgeschlagen

Die Wildpflanzen im Überblick

deutscher Name	**wissenschaftlicher Name**	Seite (Zusatzbild **fett**, weiteres Rezept *kursiv*)
Bärlauch	*Allium ursinum*	**15**, 21, 27, 40 ff., *83*, 101
Beinwell, Gewöhnlicher	*Symphytum officinale*	43 ff.
Bibernelle, Kleine	*Pimpinella saxifraga*	79
Birke, Hänge-	*Betula pendula*	46 f.
Blutwurz	*Potentilla erecta*	64 f.
Borretsch	*Borago officinalis*	43, 44
Braunelle, Kleine	*Prunella vulgaris*	70
Brennnessel, Große	*Urtica dioica*	13, 27, 30, 48 ff., *99*, *104*, *110*
Brennnessel, Kleine	*Urtica urens*	13, 27, 30, 48 ff., 110
Brombeere	*Rubus fruticosus*	26, 27, 28, **29**, 51 ff., 96, *110*
Brunnenkresse, Echte	*Nasturtium officinale*	16, 102, 103
Buche, Rot-	*Fagus sylvatica*	97 ff.
Dost, Gewöhnlicher; Wilder Majoran	*Origanum vulgare*	8, 27, 54 ff., *58*, *119*
Ehrenpreis, Persischer	*Veronica persica*	18
Esskastanie; Marone; Edelkastanie	*Castanea sativa*	57 f.
Felsenbirne, Gewöhnliche	*Amelanchier ovalis*	59 f.
Felsenbirne, Kupfer-	*Amelanchier lamarckii*	59 f.
Fenchel	*Foeniculum vulgare*	8, 15, *89*
Ferkelkraut	*Hypochaeris radicata*	17, 90
Fichte, Gewöhnliche	*Picea abies*	61 f.
Fingerkraut, Aufrechtes	*Potentilla recta*	64 f.
Fingerkraut, Gänse-	*Potentilla anserina*	28, 64 f., 96
Fingerkraut, Kriechendes	*Potentilla reptans*	64 f.
Franzosenkraut, Behaartes	*Galinsoga ciliata*	**11**, 84 f., *119*
Gänseblümchen	*Bellis perennis*	27, 34, **63**, *71*, *101*
Gänsefuß, Weißer	*Chenopodium album*	128 f.
Giersch, Gewöhnlicher; Geißfuß	*Aegopodium podagraria*	15, 16, **24**, 30, **31**, 34, *42*, *44*, 66 ff.
Goldnessel, Echte	*Lamium galeobdolon*	108 ff.
Gundelrebe; Gundermann	*Glechoma hederacea*	**19**, 30, *119*, 70 f., *89*
Günsel, Kriechender	*Ajuga reptans*	70
Hasel, Gewöhnliche	*Corylus avellana*	**32**, 33, 72 f.
Heidelbeere; Blaubeere	*Vaccinium myrtillus*	74 f.
Klee, Weiß-	*Trifolium repens*	76 f.
Klee, Wiesen-; Rotklee	*Trifolium pratense*	**25**, 26, 27, 76 f.
Knoblauchsrauke, Gewöhnliche	*Alliaria petiolata*	16, 30, *67 f.*, *77*, 81 ff.
Knopfkraut, Kleinblütiges; Franzosenkraut	*Galinsoga parviflora*	11, 30, 84 f.
Kornelkirsche	*Cornus mas*	86 f.
Labkraut, Kleinblütiges Wiesen-	*Galium mollugo*	*119*, 130 f.
Labkraut, Kletten-	*Galium aparine*	131

Lauch, Dreikantiger	*Allium triquetrum*	4, **5**, 41, *112*
Linde, Sommer-	*Tilia platyphyllos*	30, 34, **35**, 88 f.
Linde, Winter-	*Tilia cordata*	30, 34, **35**, 88 f.
Löwenzahn, Gewöhnlicher	*Taraxacum officinale*	**16**, 17, 18, 30, 31, *71*, *80*, 90 f., *119*
Majoran, Echter	*Origanum majorana*	54, *89*
Malve, Moschus-	*Malva moschata*	88, 92 f.
Malve, Weg-; Käsepappel	*Malva neglecta*	88, 92 f.
Malve, Wilde	*Malva sylvestris*	11, 88, 92 f.
Meerrettich, Gewöhnlicher	*Armoracia rusticana*	82, *121*, *127*
Melde, Garten-	*Atriplex hortensis*	128
Melde, Spreizende	*Atriplex patula*	128
Möhre, Wilde	*Daucus carota*	8, 15
Nachtkerze, Gemeine	*Oenothera biennis*	11
Pastinake	*Pastinaca sativa*	8
Rosen	*Rosa spec.*	25, 94 ff., *112*
Sauerampfer, Wiesen-	*Rumex acetosa*	18, 30, 100 f.
Sauerklee, Wald-	*Oxalis acetosella*	19, 120 f.
Scharbockskraut	*Ranunculus ficaria*	**8**, 20
Schaumkraut, Behaartes	*Cardamine hirsuta*	27, 30, 102 ff.
Schaumkraut, Bitteres	*Cardamine amara*	16, 27, 30, *42*, 102 ff.
Schnittlauch	*Allium schoenoprasum*	41
Stiefmütterchen, Acker-	*Viola arvensis*	111 ff.
Süßdolde, Echte	*Myrrhis odorata*	11, 30, 105 ff.
Taubnessel, Gefleckte	*Lamium maculatum*	30, 108 ff.
Taubnessel, Rote	*Lamium purpureum*	30, 108 ff.
Taubnessel, Weiße	*Lamium album*	30, 108 ff.
Veilchen, Sumpf-	*Viola palustris*	111 ff.
Veilchen, Wohlriechendes	*Viola odorata*	*101*, 111 ff., *119*
Vogel-Kirsche; Süßkirsche	*Prunus avium*	8, 114 f.
Vogelmiere, Gewöhnliche	*Stellaria media*	18, 30, 34, *103*, 116 f., *119*
Wald-Erdbeere	*Fragaria vesca*	118 f.
Waldmeister	*Galium odoratum*	130
Wegerich, Breit-	*Plantago major*	11, 38, *44*, 122 ff.
Wegerich, Mittlerer	*Plantago media*	*44*, 122 ff.
Wegerich, Spitz-	*Plantago lanceolata*	*44*, 122 ff.
Weißdorn, Eingriffeliger	*Crataegus monogyna*	125 ff.
Weißdorn, Großfrüchtiger	*Crataegus macrocarpa*	125 ff.
Weißdorn, Großkelchiger	*Crataegus rhipidophylla*	125 ff.
Weißdorn, Zweigri ff.eliger	*Crataegus laevigata*	125 ff.
Wiesen-Pippau	*Crepis biennis*	16, 17, 90
Wiesen-Salbei	*Salvia pratensis*	**39**, 132 f.
Wiesen-Schaumkraut	*Cardamine pratensis*	16, 27, 30, *101*, 102 ff.
Wiesenknopf, Kleiner; Pimpinelle	*Sanguisorba minor*	78 ff.

Zum Weiterlesen

Bohne, B. und P. Dietze (2007): Taschenatlas Giftpflanzen: 170 Wild- und Zierpflanzen im Porträt. Mit Adressen der Giftnotrufzentralen. Verlag Eugen Ulmer, Stuttgart

Bühring, U. (2008): Praxis-Lehrbuch der modernen Heilpflanzenkunde, Grundlagen – Anwendung – Therapie. 2., überarb. Aufl., Sonntag Verlag, Stuttgart

Bundesinstitut für Risikobewertung (2011): Analytik und Toxizität von Pyrrolizidinalkaloiden sowie eine Einschätzung des gesundheitlichen Risikos durch deren Vorkommen in Honig, Stellungnahme Nr. 038/2011 des BfR vom 11. August 2011

Deutsche Gesellschaft für Ernährung (Hrsg.) (2010): Sekundäre Pflanzenstoffe und ihre Wirkung auf die Gesundheit – Eine Aktualisierung anhand des Ernährungsberichts 2008. DGEinfo 01/2010

Dreyer, E.-M. (2011): Wildkräuter und ihre giftigen Doppelgänger. Franckh-Kosmos-Verlag, Stuttgart

Eggenberg, S., A. Möhl (2007): Flora Vegetativa. Haupt-Verlag, Bern

Fleischhauer, S. (2005): Enzyklopädie der essbaren Wildpflanzen. AT-Verlag, Baden

Fleischhauer, S., Guthmann, J., Spiegelberger, R. (2007): Essbare Wildpflanzen. 200 Arten bestimmen und verwenden. AT-Verlag, Baden

Fletcher, N. (2005): Naturführer Wildblumen. 440 Arten aus ganz Europa (DK Naturführer). Dorling-Kindersley, Starnberg

Jäger, E. J. (2011) Hrsg.: Rothmaler – Exkursionsflora von Deutschland. Bd. 2: Gefäßpflanzen: Grundband. 20. Auflage, Spektrum Akademischer Verlag, Heidelberg

Semler, E. (2012): Sekundäre Pflanzenstoffe. Die Vitamine des 21. Jahrhunderts? Kneipp-Journal 01–02/2012

Volm, C. (2010): Rohköstliches – gesund durchs Leben mit Rohkost und Wildpflanzen. Verlag Eugen Ulmer, Stuttgart

Watzl, B. (2011): Fundort Pflanzenzelle. Einführung in Vorkommen, Eigenschaften und Wirkungsweise sekundärer Pflanzenstoffe. Aktuelle Ernährungsmedizin 36 (Supplement 1), 2–5

Internetlinks

www.boga.ruhr-uni-bochum.de (Botanischer Garten Bochum – Pflanzenportraits und -beschreibungen)
www.essbare-wildpflanzen.de
www.floraweb.de (Bundesamt für Naturschutz – Datenbank mit Pflanzenarten, Steckbriefen, Vegetationskarten, etc.)
www.germanygoesraw.de
www.giftnotruf.de (Giftnotruf-Zentrale Berlin – hier finden Sie auch ein Verzeichnis der anderen Giftnotrufzentralen in Deutschland)
www.vebu.de (Vegetarierbund Deutschland mit Nährwerttabelle und vielen Informationen zur veganen Ernährung)
www.vegane-gesellschaft.org
www.vegetarische-initiative.de
www.wildundroh.de

Mehr zum Thema

Vorträge, Seminare, Exkursionen, Fortbildungen und Personal Coaching zur Ernährung mit Rohkost und Wildpflanzen

Dr. Christine Volm
Wurmbergstr. 27
71063 Sindelfingen
Tel.: 07031/811954
www.christine-volm.de
info@christine-volm.de
Blog: tine-taufrisch.blogspot.com
www.twitter.com/wildundroh
bei facebook unter Christine Volm

Bezugsquellen

Essbare Wildpflanzen – Saatgut und Pflanzen
www.blauetikett.de
www.helenion.de
www.hof-berggarten.de
www.kraeuter-und-duftpflanzen.de
www.pflanzenversand-gaissmayer.de
www.syringa-pflanzen.de

Rohkost-Zutaten
www.bioinsel-shop.de
www.die-wurzel.de
www.drgoerg.de
www.floresfarm.com
www.keimling.de
www.orkos.com
www.passion4fruit.de
www.pureraw.de
www.rohkostgalerie.de
www.tropenkost.de
www.vega-ek.de
www.vitakeim.de
www.vitaverde.de
www.wilde-7.de

Bildquellen

Alle Fotos im Innenteil und auf dem Umschlag stammen von Maximilian Ludwig.

Dank

Mein Dank gilt an erster Stelle Maximilian Ludwig, dem es gelungen ist, mit der Kamera das zu erfassen, was ich in der Natur sehe oder vielmehr wahrnehme und als Portrait einer Pflanze oder einer natürlichen Situation weitergeben möchte. Die Bilder von den Gerichten machen die Ideen, die ich bei der Zubereitung hatte, erst erfassbar und lassen auch mich noch manches Geheimnis darin entdecken. Meinen Töchtern Chiara und Sara-Lisa danke ich für ihre großzügige Geduld, wenn meine Zeit einmal wieder ganz den Wildpflanzen gehörte.
Christine Schneider vom Ulmer Verlag danke ich für ihr Engagement und für die positive Lenkung der Umsetzung in die richtige Richtung. Ihre konstruktiven Beiträge zur Realisierung meiner Ideen haben mir die Arbeit an den Texten und mit den Bildern sehr erleichtert. Keya, Ursel, Birgit und Almut – euch danke ich für jede Menge Inspiration und ganz persönliche Unterstützung in vielfältiger Art und Weise.
Meinen treuen Potluck-Freunden und Seminarbesuchern danke ich dafür, dass sie mich immer wieder fordern und zur Bearbeitung neuer Themen anspornen. Nicht zuletzt gilt mein Dank der Firma ASA Selection für die großzügige Unterstützung mit Geschirr und Accessoires.

Schnell nachgeschlagen

A

Achtsamkeit 14, 15, 90, 99, 121
Alkaloide 26, 44
Allergiker 47
allergisch 31
Anthocyane 26, 29, 52, 59, 74, 86, 114
antibakteriell 25, 103, 106, 123
Archäophyt 11, 57
Aronstab, *Arum maculatum* 15, 20, 21, 40, 41
ätherische Öle 27, 28, 54, 55, 61, 95, 106, 133
Ausläufer 111
Ausrüstung 13
Ayurveda 10, 73

B

B_{12} 13
Bioobst und -gemüse 38
Bitterstoffe 18, 27, 30, 31, 33, 64, 70, 90, 91
Blausäure 59, 115
Breit-Wegerich-Samen 38
Bucheckern 30, 97

C

Carob-Pulver 38
Carotinoide 26
Chia-Samen 38, 133
Chlorophyll 63

D

Diät 33
Doppeldolde 105
Doshas 10

E

Echter Salbei, *Salvia officinalis* 10, 133
Eibe, *Taxus baccata* 20, 21
eingewanderte Wildpflanzen 11
Entgiftung 67, 91
Entsafter 39
Entwicklungshilfe 9
Ernten 12, 13
Evolution 9

F

Fagin 98
Flavonoide 26, 28, 64, 70, 74, 80
Flohsamenschalen 38, 123
Fruchtpürees 33
Frühjahrskur 46
Fuchsbandwurm 14
fünfzählig 92

G

gebuchtet 81
Gefahren 14
Gefrieren 49
gegenständig 48
Gerbstoffe 27, 28, 52, 57, 61, 64, 70, 76, 80, 95, 97, 98, 119, 123
Geschmack 18, 19, 28
Geschmackssinn 30
geschweift 90
Gesundheit 9, 24
Gewürze 38, 39, 89
Giftnotruf-Zentrale 21, 138
Giftpflanzen 13, 15, 17, 20, 21, 30, 41
Glucosinolate 27
Gourmet-Rohkost 41
grundständig 102

H

Hämoglobin 63
Hauptnährstoffe 25
Heilpflanzen 8, 10, 26, 33
Herbst-Zeitlose, *Colchicum autumnale* 20, 21, 41

I

Improvisieren 38
Inhaltsstoffe 8, 9, 10, 12, 19, 20, 25, 26, 27, 28, 30, 31, 33, 34, 39
Inulin 69, 91
Irish Moss 67, 68

J

Japanische Kirsche, *Prunus serrulata* 115

K

Kaffee 31
Kakaobohnen 31
Kakao-Pulver 38
kauen 31, 33
Keimlinge 65
Knoblauchlilie, *Tulbaghia violacea* 58
Kokosöl 14
krebshemmende Wirkung 26, 28
kreuzgegenständig 54
Küchengeräte 39
Kulturobst und -gemüse 9, 25
Kulturpflanzen 9, 10, 25, 26

L

Lippenblüten 54
Lippenblütler 54, 108
Lucuma, *Ponteria lucuma* 10
Lucuma-Pulver 10, 38

M

Magnesiumversorgung 63
Maiglöckchen, *Convallaria majalis* 20, 21, 40, 41
Mangelversorgung 33
Medikamente 28
Meeresalgen 33
Mehlersatz 46
Mesquite-Pulver 10, 38
Mineralstoffe 25, 49
Mineralstoffmangel 31
Mixer 39
Monoterpene 27

N

Nama Tamari 42
Naturschutz 12, 101
Neophyt 11
Nussmilch 39, 72, 98, 106

O

Oxalsäure 18, 100, 120, 121, 129

P

Pektine 59, 95
Pflanzen beobachten 16, 115
Pflanzen bestimmen 15, 16
Pflanzenschleime 89
Pflanzenstandorte 16, 17
Pflanzen waschen 13
Phenole 55
Phenolsäuren 27, 52
Phytoöstrogene 27, 76
Phytosterine 27
Pimpinelle 79
Pionierbaum 46
Pollen 47
Polyphenole 26, 27
Procyanidine 127
Proteaseinhibitoren 27
Pyrrolizidinalkaloide 44

Q

Qualität von Obst und Gemüse 9, 38
Quinoa, *Chenopodium quinoa* 129

R

Risiken beim Sammeln 14
Rohkost-Qualität 11
Rohkost zubereiten 19, 35, 38
Roter Fingerhut, *Digitalis purpurea* 20, 43

S

Saft 34, 35, 39, 131
Salicylsäure 119
Salutogenese 24
Sammelplätze 12
Saponine 27, 63, 70, 112
Schadstoffe 12
Scheindolde 41
Scheinquirle 108
Schierling, *Conium maculatum* 15, 20
Schleimstoffe 27, 44, 64, 89, 92, 112, 117, 123
Sekundäre Pflanzeninhaltsstoffe oder Pflanzenstoffe 25, 26, 28
Senföle 103
Senfölglykoside 27, 82, 103
Shilajit 73
Smoothies 33, 34
Sprossen 77
Stumpfblättriger Ampfer, *Rumex obtusifolius* 100
Sulfide 27
Superfoods 10
Süßhülsenbaum, *Prosopis pallida* 10

T

teilimmergrün 48
Thyrse 128
traditionelle chinesische Medizin 10
Trocknen 38, 49, 54

U

Überleben 9
Unkraut 8, 11
Urnahrung 9

V

Verdauung 33
Verwechslungen 16, 70
Vitamine 25

W

wechselständig 51
Werkzeug 13
Wildpflanzen aus aller Welt 10
Wildpflanzen kochen 34
Wintervorrat 49, 54, 70, 127

Z

Zahnfleischprobleme 28, 52, 97, 119
Zecken 14
Zierpflanzen 11
Zivilisationskrankheiten 24, 28
Züchtung 9, 10, 25, 94
zweihäusig 48, 100

Pflanzen nicht gefunden? Schauen Sie auf Seite 136 nach.

Rezepte

Artischocken mit Veilchen-Citronette 112
Banane mit fruchtiger Fichte 62
Beerenlocken 75
Beinwell-Bouletten mit Ingwer-Mayo 44
Birkenbrot 47
Bittersweet Orange 91
Blumenkohlröschen in Frühlingskräutercreme 42
Blütenmilch 91
Cremiger Vogelmiere-Smoothie 117
Erdmandel-Müsli mit Brombeerblättern 53
Fingerfood-Paprika mit Pistazienklee 77
Geschmeidig grüner Aufstrich 89
Giersch an Durian 68
Goldene-Rübli-Torte 109
Grünes Sushi-Gemüse 127
Grün-Grün-Grün 131
Gurken-Wiesenknopfsalat mit Löwenzahnschnecken und Blütensoße 80
Herbstglück 99
Hokkaido-Suppe 104
Inkareis mit Gänse-Fingerkraut 65
Kirsch-Karamell-Tarteletttes 115
Knoblauchsrauken-Senf 82
Kokosjoghurt mit Felsenbirnen 60
Marinierte Champignons mit Sauerkleeherzen 121
Mediterrane Gierschtarte 67
Mohn-Malven-Creme 93
Nussolatte 73
Pinzimonio mit Brennnesselsamen 50
Rosen-Marzipan-Herzen 95
Salat „Romanesco und Freunde aus aller Welt“ 85
Salbei-Chips 133
Sauerampfersüppchen mit Frühlingsblüten 101
Scharfe Maronen-Champignons 58
Schoko-Ice-Ice-Baby 106
Spaghetti-Duo mediterran 55
Spitzkraut-Fleckerl mit Kornelkirschen-Ketchup 87
Suppe in Gänsefüßchen 129
Süße Karotten mit Labkraut 131
Süß-und-Stark 69
Tzatziki mit Knoblauchsrauke 83
Wegerich-Türmchen mit Aprikosenschaum 124
Wildkräuter-Erdbeer-Salat 119
Zweierlei Gundermann-Schoggi 71

Die in diesem Buch enthaltenen Empfehlungen und Angaben sind mit größter Sorgfalt zusammengestellt und geprüft worden. Eine Garantie für die Richtigkeit der Angaben kann aber nicht gegeben werden.
Die Angaben zu möglichen medizinischen Wirkungen von Pflanzen entstammen der Literatur, auch der Volksmedizin und traditionellen Anwendungen – sie sind nicht als medizinische Empfehlungen oder Heilaussagen zu werten. Wenden Sie sich diesbezüglich an einen Arzt oder Heilpraktiker. Der Verzehr der im Buch vorgestellten Pflanzen und ihre anderweitige Verwendung erfolgt in eigener Verantwortung.
Autorin und Verlag übernehmen keinerlei Haftung für Schäden und Unfälle. Autorin und Verlag sind außerdem nicht verantwortlich für den Inhalt von Links.

Bibliografische Information der Deutschen Nationalbibliothek
Die Deutsche Nationalbibliothek verzeichnet diese Publikation in der Deutschen Nationalbibliografie; detaillierte bibliografische Daten sind im Internet über http://dnb.d-nb.de abrufbar.

Das Werk einschließlich aller seiner Teile ist urheberrechtlich geschützt. Jede Verwertung außerhalb der engen Grenzen des Urheberrechtsgesetzes ist ohne Zustimmung des Verlages unzulässig und strafbar. Das gilt insbesondere für Vervielfältigungen, Übersetzungen, Mikroverfilmungen und die Einspeicherung und Verarbeitung in elektronischen Systemen.

© 2013 Eugen Ulmer KG
Wollgrasweg 41, 70599 Stuttgart (Hohenheim)
E-Mail: info@ulmer.de
Internet: www.ulmer.de
Umschlagentwurf: red.sign, Anette Vogt, Stuttgart
Lektorat: Christine Schneider
Herstellung: Silke Reuter
Satz: pagina GmbH, Tübingen
Reproduktion: timeRay visualisierungen, Herrenberg
Druck und Bindung: Westermann Druck, Zwickau
Printed in Germany

ISBN 978-3-8001-7853-7

Roh, wild und gesund!

- *Gut verständliches Basiswissen*
- *Wildpflanzen und Rohkost in einem Buch*
- *Neue Rezeptideen für die Rohkostküche*

Sie wollen sich gesund ernähren? Nehmen Sie einfach frisches Gemüse, Obst und essbare Wildpflanzen und verzichten Sie aufs Kochen! So bleiben Sie gesund!
Wie lässt sich diese Form der Ernährung in den Alltag integrieren? Wie kann Rohkost mit Wildpflanzen ergänzt werden? Dieses Buch gibt Neugierigen und Rohköstlern Antworten auf alle Fragen rund um die Ernährung mit Rohkost und Wildpflanzen. Die fantasievollen, neuartigen Rezepte gelingen ganz einfach und sorgen für Genuss, Abwechslung und Fitness.

Rohköstliches. Gesund durchs Leben mit Rohkost und Wildpflanzen. Christine Volm. 2010. 144 Seiten, 84 Farbfotos, Klappenbroschur. ISBN 978-3-8001-5938-3.

Ulmer Ganz nah dran.